LES GRANDES BATAILLES DE LA GUERRE

LA BATAILLE DE L'AISNE

(AVRIL-MAI 1917)

PAR

le Lieutenant-Colonel ROUSSET

Avec une carte hors texte

PARIS ET BRUXELLES

LIBRAIRIE NATIONALE D'ART ET D'HISTOIRE

G. VAN OEST ET Cⁱᵉ, ÉDITEURS

1920

LES GRANDES BATAILLES DE LA GUERRE

COLLECTION PUBLIÉE

SOUS LA DIRECTION DE M. JOSEPH REINACH

Viennent de paraître :

De la Marne à la Mer du Nord. Vues d'ensemble sur les opérations militaires, 1914-1918, par le *Général Berthaut.*
La bataille de l'Aisne (1917), par le Lieut.-Colonel Rousset.

Pour paraître ultérieurement :

La bataille des frontières (août 1914), par le Commandant Espérandieu.
La bataille de la Marne (1914), par Joseph Reinach.
La bataille des Flandres de 1914 :
    I. *La bataille de l'Yser,* par le Major W. Marsily.
    II. *La bataille d'Ypres,* par le Commandant de Civrieux.
Les batailles d'Artois et de Champagne de 1915, par le Général Palat.
La bataille de Verdun, par le Capitaine Louis Gillet.
La bataille de la Somme (1916), par Henry Bidou.
La bataille des Flandres de 1917, par le Général Verraux.
La bataille sur le front russe, par Salomon Reinach.
La bataille du Carso, par le Général Malleterre.

D'autres volumes sont en préparation.

Chaque volume, de 180 à 200 pages, avec croquis et cartes hors texte.

Prix : **3** *francs* (majoration temporaire de 30°/₀).

LA BATAILLE DE L'AISNE

(AVRIL-MAI 1917)

MACON, PROTAT FRÈRES, IMPRIMEURS

LA BATAILLE DE L'AISNE

(AVRIL-MAI 1917)

PAR

le Lieutenant-Colonel ROUSSET

Avec une carte hors texte

PARIS ET BRUXELLES

LIBRAIRIE NATIONALE D'ART ET D'HISTOIRE

G. VAN OEST ET Cie, ÉDITEURS

1920

AVANT-PROPOS

Ceux qui croiraient trouver ici une résurrection ou un prolongement des discussions passionnées qu'a soulevées l'offensive brusquement interrompue du 16 avril 1917, se tromperaient grandement. Ce petit livre n'est ni un acte d'accusation, ni un panégyrique. Il ne cherche point à mettre sur la sellette des personnes dont les sentiments intimes ne peuvent être suspectés et dont les intentions demeurent à l'abri du blâme. Pas davantage, il ne dresse de réquisitoire contre qui que ce soit, ni n'oppose les uns aux autres des hommes qui, animés d'un même désir de bien faire, n'étaient divisés que sur la manière de le réaliser. Il se borne à exposer, avec franchise et vérité, des faits ou mal connus ou parfois complaisamment dénaturés. En un mot, il se borne à apporter une contribution loyale à l'histoire de la dernière guerre et une pierre à l'édifice monumental que cette histoire constituera plus tard.

Un périlleux émoi, dont le souvenir est encore dans toutes les mémoires, gagna les esprits il y a deux ans et demi, lorsqu'on apprit tout à coup que l'attaque grandiose sur laquelle étaient fondés de si vastes espoirs prenait fin sans que se fût produite la rupture escomptée des lignes allemandes. Des pertes formidables, disait-on, et hors de toute proportion avec les résultats acquis, avaient paralysé l'élan de nos soldats. Des fautes grossières de conception, de préparation et d'exécution étaient les causes efficientes de ce dénouement démoralisateur, que d'aucuns n'hésitaient pas à qualifier de désastreux. De là à prétendre que les armées françaises étaient confiées à des généraux incapables qui, par le fait d'une présomptueuse assurance en leur propre mérite, venaient de gaspiller un sang précieux, il n'y avait qu'un pas. Il fut franchi au grand dommage de l'esprit public et de l'état moral des armées. Des exécutions aveugles, ou tout au moins imprudentes, suivirent, qui donnèrent un semblant de satisfaction aux réclamants les plus acharnés, mais désorganisèrent le commandement. Celui-ci en fut atteint non seulement dans son prestige, mais dans son autorité même, et s'il ne s'était pas trouvé là un général à l'âme droite, à l'esprit ferme, à la main experte, dont l'inflexible rigidité disciplinaire se tempérait d'une humanité bienveillante — j'ai nommé Pétain — on ne sait ce que le vent de folie qui venait de s'élever tout à coup et qu'enflaient des bouches scélérates aurait fait de ces soldats naguère encore si vaillants, si dévoués, si patients et si disciplinés.

La crise d'avril-mai 1917 est une des plus graves de cette longue guerre. Heureusement conjurée, elle n'a eu que des effets momentanés et circonscrits. Mais elle reste une grande leçon, et mérite pour cela qu'on l'étudie dans sa genèse, dans ses causes diverses et dans son développement. C'est ce travail que j'ai cherché à faire, en m'appuyant non pas sur les dires de tel ou tel, mais sur des documents certains. Je l'ai accompli sans parti pris, sans opinion préconçue d'aucune sorte. Je n'ai d'autre prétention que de le voir accueilli comme une œuvre de bonne foi.

L. R.

LA BATAILLE DE L'AISNE

(AVRIL-MAI 1917).

CHAPITRE PREMIER

LES PRÉLIMINAIRES

DE LA CONFÉRENCE DE CHANTILLY A CELLE
DE COMPIÈGNE

Dès la fin de l'année 1916, gouvernements et états-majors alliés étaient arrivés à cette conviction que les Allemands, dont l'échec devant Verdun avait changé tous les plans, s'efforceraient de reprendre, au printemps de l'année suivante, l'initiative des opérations sur les divers fronts. Elle avait même gagné jusqu'aux milieux parlementaires, puisque, dans un rapport fait en octobre 1916 à la Commission de l'armée sur les munitions d'artillerie, M. Violette ne se faisait point faute de nous menacer d'une nouvelle surprise, contre laquelle il croyait urgent de se précautionner par avance : « Si nous sommes prudents, disait-il, c'est *dès la fin de février* que nous reprendrons les opérations actives, et pour une raison capitale : c'est que notre infanterie est encore capable de fournir un effort considérable ; mais ce serait courir un risque formidable que de se résigner, sur des positions même beaucoup mieux préparées, à s'exposer à une tentative comme celle de Verdun... J'ai la conviction que l'initiative de la grande bataille est une question de vie ou de mort pour la France et qu'ainsi *nous ne sommes pas libres d'attendre le 15 avril pour l'entreprendre.* » La Commission de l'armée acquiesça.

Il existait au surplus d'autres raisons en faveur d'une contre-offensive préalable sur le front occidental. D'abord la supériorité numérique des alliés tendait à décroître, tandis que l'ennemi créait, avec ses réserves, de nouvelles divisions. On craignait en outre que, du côté français, la pénurie de charbon et d'acier n'aboutît bientôt à une diminution de la production, correspondante à une augmentation sensible de celle de l'Allemagne. De là, la nécessité de prévenir l'adversaire, d'autant plus que l'expérience, après avoir clairement démontré la coûteuse inutilité des luttes dites d'usure et des engagements à effectifs limités, affirmait tous les mérites d'une autre méthode plus profitable, celle des batailles de rupture puissantes, rapides et brusquées, suivies de l'exploitation aussi complète que possible des résultats acquis[1]. Le 12 novembre 1916, dans une confé-

---

1. C'est ainsi que Broussiloff venait d'opérer, avec succès, sur le front oriental.

rence tenue à Chantilly sous la présidence du général Joffre, le nouveau système reçut une officielle consécration.

La conférence de Chantilly. — Il fut décidé en effet :

1° Que la décision de la guerre serait recherchée désormais, par la reprise, aux premiers beaux jours, d'offensives concordantes mettant en œuvre le maximum de moyens ;

2° Qu'une attaque puissante, *à but décisif*, serait préparée et montée, à pareille époque, sur le front franco-anglo-belge ;

3° Que pour éviter les retards et le défaut d'unité qui s'étaient produits antérieurement, les alliés devaient se tenir prêts à entamer la lutte dans la première quinzaine de février si les circonstances l'exigeaient, la date effective des opérations à entreprendre restant à fixer dans le moindre délai possible. En conséquence, le général Joffre établit un plan comportant le déclanchement d'une bataille générale, livrée par nous entre la Somme et l'Oise, et par les Anglais entre Bapaume et Vimy. Une opération latérale devait être faite sur l'Aisne par le groupe d'armées du Centre. Seulement, faute de pouvoir disposer d'assez d'artillerie, cette opération ne commencerait que quinze jours après l'attaque principale, et conséquemment elle devenait, qu'on le voulût ou non, indépendante de celle-ci.

Commandement du général Nivelle. — Sur ces

entrefaites, le général Joffre, élevé à la dignité de maréchal de France, quitta le commandement en chef des armées du Nord et du Nord-Est et y fut remplacé par le général de division Nivelle, qu'il avait désigné lui-même éventuellement, et pour le cas où il disparaîtrait, au choix du gouvernement.

Le nouveau commandant des armées du Nord et du Nord-Est jouissait d'une réputation militaire justifiée par la ténacité dont il avait fait preuve, à la tête de la IIᵉ armée, dans la défense de Verdun, et aussi par l'esprit de décision et de hardiesse qu'il avait affirmé dans la reprise des positions importantes dont l'ennemi s'était rendu maître devant cette place en 1916. On attribuait au surplus ses succès — et ceci aussi bien dans l'armée que dans le Parlement et le public — à une nouvelle méthode de guerre, imaginée et appliquée par lui. On lui faisait donc pleine et entière confiance, encore que, comme on le verra plus loin, ses procédés parussent à certains un peu trop hasardeux.

En ce moment, tout à fait d'accord avec l'instruction du général Joffre en date du 16 décembre 1916 sur le but et les conditions d'une action offensive générale, il estimait qu'une attaque dépourvue de profondeur n'assurerait pas le rendement maximum des forces mises en œuvre, et limiterait l'exploitation possible des résultats obtenus. L'intervalle de temps nécessité par la préparation d'artillerie sur les objectifs successifs de l'attaque laissait toujours à la défense le temps de se ressaisir, de faire intervenir les réserves et d'organiser au fur et à mesure de la progression du mouvement, des lignes pour les replis successifs. Aussi n'admettait-il l'offensive que sous la forme d'une bataille de rupture, extrêmement rapide et soudaine, qui paralysât l'adversaire et ouvrît le champ libre à une vaste exploitation. Et il traduisait ses intentions sous la forme suivante :

Les opérations de quelque importance engagées jusqu'ici ont établi :

1° Que la rupture de front (*pénétration jusqu'en arrière du gros des batteries ennemies*) est possible, à condition de se faire d'un seul coup par attaque brusquée en 24 ou 48 heures ;

2° Que pour battre une profondeur suffisante (8 kilomètres), il est nécessaire de pousser le plus en avant possible l'artillerie lourde de destruction à longue portée ou, en cas d'insuffisance, d'employer à cette destruction un certain nombre de batteries longues ;

3° Que cette rupture doit être immédiatement suivie d'une exploitation latérale audacieuse visant la destruction des batteries, l'occupation des lignes de ravitaillement ennemies et la conquête des voies ferrées nécessaires à notre propre ravitaillement ;

4° Qu'il importe de constituer, le plus en avant possible, une tête de pont, à l'abri de laquelle se concentrent les troupes destinées à livrer bataille aux forces ennemies encore disponibles.

En résumé, trois temps aussi rapprochés que possible : rupture, exploitation latérale, exploitation en avant en vue de la bataille. Toutes ces opérations,

dans lesquelles le facteur vitesse a une importance pré-
pondérante, *doivent être préparées dans le plus
grand détail* [1].

Il avait dit également : « Le but que les armées
franco-britanniques doivent atteindre, est la destruction de la masse principale des forces ennemies. Ce résultat ne peut être obtenu qu'à la suite
d'une bataille décisive, livrée avec une force numérique considérable, à toutes les forces de l'ennemi [2]. » Quelques jours plus tard, le 2 janvier
1917, il donnait encore plus de développement à sa
pensée. « Il s'agit, disait-il, d'une seule et même
bataille... qui aura une durée prolongée... Elle doit
avoir pour résultat la destruction et la retraite des
armées ennemies. » Il insistait sur « le caractère
de violence, de brutalité et de rapidité que doit
revêtir l'offensive, et en particulier son premier
acte, la rupture [3] ». Mais en ayant bien soin d'insister sur ce point que si les opérations « doivent
se poursuivre avec toute la vigueur et l'audace
nécessaires... il ne faut pas cependant confondre
audace avec témérité [4] ». On ne saurait rien trouver à reprendre à ces instructions, éparses dans les
communications du grand quartier général, et qui

1. Note du 24 décembre 1916 aux groupes d'armée d'attaque.
2. Lettre au général sir Douglas Haig du 21 décembre 1916
et instructions concomitantes aux commandants de groupes
d'armées et d'armées.
3. Lettre du 29 janvier 1917 au général Micheler.
4. Note pour les généraux d'armée, du 4 avril 1917.

sont manifestement dictées par une exacte conception de la guerre. Elles témoignent chez le chef qui les dictait d'un sens militaire très droit, allié à une indomptable fermeté.

Choix du terrain d'action. — Mais elles ont un caractère très général et ne visent que les principes supérieurs. Il fallait au surplus, et en même temps qu'on les donnait, entamer la préparation même de l'affaire et, sous ce rapport, la première question qui se posait était celle relative au théâtre sur lequel le drame devrait se dérouler. Le choix du général en chef s'appuya sur les considérations que voici :

Tout d'abord, on devait écarter la région comprise entre les Flandres et le canal de la Bassée, laquelle, pour des raisons climatériques ou de terrain sur lesquelles il n'est pas besoin d'insister, ne pouvait se prêter avant l'été à de grands déploiements de troupes. Au contraire, le secteur Arras-Bapaume paraissait très favorable à l'attaque des Britanniques, d'autant plus que celle-ci y serait facilitée par la nature du sol, par les aménagements existants, enfin par la forme saillante du front ennemi au sud d'Arras. Le général Haig était tout disposé à s'y engager.

Convenait-il maintenant d'assigner aux troupes françaises le front de la Somme avec prolongement par l'Avre jusqu'à Lassigny, comme l'avait indiqué le général Joffre ? On pensa que sur ce théâtre de l'offensive de 1916, la densité des forces ennemies, la puissance de l'artillerie de position allemande, l'obstacle même formé par la rivière, devaient faire abandonner ce champ de bataille usé et ravagé, et que, dès lors, le front compris entre l'Avre et Lassigny, considéré isolément, deviendrait trop étriqué pour servir de base à une large offensive. Mais alors où entamer celle-ci?

Une étude attentive du terrain situé plus à l'Est, démontrait qu'aucun aménagement préalable n'était possible avant les abords de l'Aisne et la Champagne [1]. Toutefois, il semblait dangereux de trop s'écarter du front anglais et surtout d'abandonner le bénéfice d'une action convergente des alliés contre le grand saillant dessiné par l'ennemi entre Arras et Reims. A plus forte raison devait-on éviter de s'étendre jusqu'à la Meuse et la Woëvre, où d'ailleurs il eût fallu, comme en Flandre, attendre la belle saison, et encore moins vers la Lorraine et l'Alsace, beaucoup trop excentriques pour se prêter à des mouvements combinés.

Pour ces divers motifs, la région de l'Aisne paraissait encore la plus favorable. Mais nous n'avions là qu'une seule tête de pont, entre Vailly et Berry-au-Bac. La prendre comme axe de l'attaque nous menait droit sur la position formidable du Chemin des Dames, dont la possession, on

1. Pour la description du terrain, je prie le lecteur de se rapporter à l'étude très complète qui en a été faite par mon ami le général Berthaut dans un ouvrage appartenant à la même collection que celui-ci, et intitulé: « De la Marne à la mer du Nord ».

l'avait vu en 1914, est indispensable à une armée opérant dans le Laonnois, ne serait-ce que parce qu'elle lui donne des observatoires d'artillerie extrêmement précieux [1]. Par contre, les secteurs envisagés pouvaient être rapidement organisés, tant à raison des travaux déjà exécutés que des chemins de fer existants. Mieux encore : la forme en équerre donnée à la base générale de l'offensive permettait, par l'allongement de celle-ci, des combinaisons plus variées, en même temps qu'une menace d'enveloppement se dessinerait sur le saillant Roye-Soissons. Sans compter qu'on évitait cette interruption un peu longue dans l'effort que, par l'attaque retardée de l'Aisne, le plan primitif admettait. C'est donc sur la région s'étendant de l'Aisne à la Champagne que le haut commandement, en fin de compte, jeta son dévolu [2].

Plan général d'opérations. — C'est au début de 1917, dans les premiers jours de janvier, que le général en chef, fixé sur les ressources en artillerie dont les alliés comptaient bientôt disposer, établit un plan d'ensemble sur les assises que voici :

a) Une offensive menée par les armées britanniques en direction générale de Cambrai, et une offensive menée par le groupe des armées du nord (français) en direction générale de Saint-Quentin, dans le but initial de fixer par une bataille de front le maximum de forces

---

1. On sait quel acharnement mit l'ennemi à la reconquérir.
2. On remarquera que c'est d'un plan à peu près semblable que procède la foudroyante campagne de 1918.

ennemies, puis de préparer la mise à exécution du plan d'exploitation.

b) Une offensive menée par le principal groupe d'armées français, au delà de l'Aisne en direction générale du nord, dans le but de manœuvrer les forces ennemies fixées par l'attaque des armées britanniques et du groupe d'armées du nord, puis de battre les disponibilités nouvelles que pourront amener les Allemands.

c) Enfin, la réprise, ou la continuation, de la bataille offensive par toutes les armées d'attaque, soutenues par toutes les disponibilités qui pourront être réunies (unités fraîches ou unités reconstituées), dans le but de précipiter la désorganisation et la défaite complète de l'ennemi [1].

Dans la pensée du général Nivelle — et il l'exprimait fort clairement — l'ensemble de toutes ces attaques ne devait constituer qu'une seule et même bataille, mais une bataille dans laquelle les différentes armées engagées travailleraient *à tour de rôle* au profit les unes des autres. Ainsi, l'affaire de l'Aisne n'était engagée que la dernière, de façon à ce que les troupes chargées de la mener « ne rencontrassent, au début, qu'un minimum de forces et pussent progresser rapidement sur les derrières de l'ennemi [2]. On voit reparaître ici, au moins dans son ensemble, l'idée maîtresse de l'ancien programme établi à Chantilly.

Il y avait cependant quelques variantes qui, même, allaient progressivement s'accentuer. Le

1. Plan général d'opérations du 25 janvier.
2. *Ibid.*

plan du général Joffre comportait une attaque britannique entre Arras et la Somme, et une attaque française entre la Somme et l'Oise. Il découlait, en principe, de la manœuvre continue et liée sur un front plus ou moins développé, mais presque rectiligne. Une attaque secondaire devait, il est vrai, être déclenchée au nord de l'Aisne, à travers le massif du Laonnois, mais, faute d'artillerie lourde en quantité suffisante, cette attaque était reculée jusqu'après que la réussite de l'affaire principale, entre Somme et Oise, aurait libéré le matériel indispensable, c'est-à-dire qu'elle était remise à quinze ou vingt jours plus tard. Or, un pareil retardement ne s'accordait pas avec les conceptions du général Nivelle, qui, ne pouvant compter ni sur un accroissement d'effectifs ni sur une dotation en canons beaucoup plus riche, songea à tourner la difficulté en faisant relever les troupes françaises par des éléments britanniques sur une certaine partie du front.

C'est ce que, dans une lettre du 21 décembre, il exposait à sir Douglas Haig, après l'avoir tâté de vive voix deux jours auparavant. Il lui demandait de vouloir bien, avant le 25 janvier, prendre à sa charge le front compris entre Bouchavesne et la route d'Amiens à Roye. Mais le général anglais accueillait cette requête avec quelque réserve. Il voulait bien renoncer, jusqu'à nouvel ordre, à ses projets de dégagement de la côte belge, par une offensive sur Ostende et Zeebruge. Mais il subordonnait formellement son acquiescement à l'envoi de six nouvelles divisions qu'il avait demandées en Angleterre. Et nul ne savait quand celles-ci arriveraient.

Sur ces entrefaites, le général Nivelle fut invité à se rendre à Londres, devant le *War Committee*. Là, il exposa ses projets et leurs développements immédiats. Il ajouta que le temps travaillait pour l'ennemi qui, vainqueur en Roumanie, activait fiévreusement ses fabrications et ses formations nouvelles. Il montra que l'intérêt bien entendu des alliés leur commandait de prendre sans retard l'initiative des opérations et, par sa parole persuasive, enleva son auditoire. Tout ce qu'il demandait fut accordé en principe. Seulement il ne put obtenir, pour la fin de la relève, une date plus rapprochée que les premiers jours de mars, et, pour l'entrée en action des armées britanniques, une fixation moins éloignée que le 1ᵉʳ avril.

Conférence de Calais. — L'unité de commandement. — Malheureusement on avait oublié de compter avec l'engorgement des voies ferrées, qui ne donnaient qu'un rendement insuffisant pour assurer les transports de troupes en temps opportun. Cette difficulté fut soumise à une conférence interalliée, qui, réunie à Calais les 26 et 27 février, s'efforça d'y parer de son mieux, mais qui, tout de suite aussi, s'occupa d'une question autrement grave, autrement importante et dominatrice, celle de l'unité du commandement.[1]

1. Assistaient à cette conférence, du côté anglais : MM. Lloyd George, les généraux Robertson, Haig et Geddes ; du côté fran-

Sur ce point, le siège de M. Lloyd George était aux trois quarts fait. Dans une conversation privée, tenue quelques jours auparavant, le 14 février, le premier ministre anglais avait nettement exprimé son opinion, enregistrée immédiatement par l'un des auditeurs :

Pour ma part, disait-il, j'ai une entière confiance dans le général Nivelle, et la certitude absolue qu'il est seul capable de mener les opérations à bonne fin cette année même. Mais, pour cela, il faut qu'il puisse disposer en dernier ressort de toutes les troupes opérant sur le front français, *des nôtres comme des armées françaises*.

Je fais tous mes efforts pour entraîner vers ce but l'avis de mes collègues, mais ne puis garantir le succès, à moins que le général Nivelle et le gouvernement français ne prennent nettement position à ce sujet, en déclarant que, pendant la bataille, la direction générale doit être unique, suivant une modalité à arrêter entre nous.

A mon avis, le *War Committee* doit entrer en contact, au plus tôt, avec le général Nivelle et le Comité de guerre français, en particulier avec MM. Briand, Ribot et Albert Thomas, dans lesquels nous avons une réelle confiance.

Sans doute, le prestige dont jouit le maréchal Haig [1] sur le peuple et l'armée britannique ne permettront probablement pas de le subordonner purement et simplement au commandement français ; mais si le

çais, MM. Briand, Claveille, les généraux Nivelle, Lyautey, ministre de la guerre, et Ragueneau, ainsi que divers chefs de service.

1. Le général Haig venait de recevoir le bâton.

War Committee reconnaît que cette mesure est indispensable, il n'hésitera pas à donner des instructions secrètes dans ce sens au maréchal, et au besoin à remplacer ce dernier s'il ne donnait pas en toute sympathie et déférence l'appui de toutes ses forces quand il en sera requis.

Nous comprenons parfaitement que la direction générale revient au commandement français qui combat sur son propre territoire, dispose de forces plus importantes que les nôtres, et possède une instruction technique que nous nous plaisons à reconnaître plus élevée que celle de nos états-majors. Mais encore une fois, il faut que les deux comités de guerre soient d'accord sur le principe, car son application ne sera pas agréable au maréchal Haig, à qui il faudra l'imposer..

Je serais désireux de savoir le plus tôt possible quelle décision prendront le gouvernement et le commandement français sur l'opportunité de cette réunion et des conversations que je propose[1]. S'ils les acceptent, je serais heureux de les voir exprimer très librement leur façon de penser sur tous les sujets, car, tous, nous avons trop longtemps masqué nos opinions sous des formules courtoises qui ne devraient plus être de mise entre alliés aussi intimement liés que nous le sommes.

Tous mes efforts tendent à terminer cette guerre par la victoire, et dans le plus bref délai possible. Mais nous n'y arriverons qu'en évitant de rester aussi distants les uns des autres et de nous renfermer dans une dignité nationale mal comprise et dangereuse par ses conséquences[2].

---

1. Sur la procédure à suivre, M. Lloyd George indiquait une marche qui, nous ignorons pourquoi, ne fut point suivie. La question est d'ailleurs sans intérêt.
2. Document personnel.

Impossible, on le voit, d'être plus net, ni plus loyalement déférent. Comme le chef du gouvernement français, M. Aristide Briand, était imbu d'idées identiques et animé de sentiments au moins aussi résolus, l'accord, on le devine, ne fut pas long à se faire. Quelques heures plus tard, le document que voici était rédigé, et revêtu de la signature, non seulement des deux premiers ministres — qui avaient eu soin de spécifier qu'ils possédaient pleins pouvoirs — mais des deux généraux en chef, dont l'un faisait preuve, dans l'intérêt commun, d'une abnégation digne des plus grands éloges et de tous les respects.

Le Comité de guerre français et le Comité de guerre britannique approuvent le plan d'opérations sur le front occidental, tel qu'il leur a été exposé, le 25 février 1917, par le général Nivelle et le maréchal sir Douglas Haig.

De plus, attendu que l'objet essentiel des opérations militaires projetées est de rejeter l'ennemi hors de France ; attendu d'autre part que l'armée française dispose d'effectifs plus considérables que l'armée anglaise, le Cabinet de guerre britannique reconnaît que la direction générale des opérations doit être confiée au général en chef français.

Dans ce but, le Cabinet de guerre britannique s'engage à aviser le field-marshall commandant les forces britanniques qu'il aura à se conformer, pour ses plans d'opérations, aux directives stratégiques générales du commandant en chef des armées françaises.

On a prétendu que l'unité de commandement, si

désirable à tous égards, n'avait jamais existé avant la grande offensive de 1918. Le document qui précède démontre le contraire et redresse une première erreur de l'opinion. Ce n'est malheureusement pas la seule que nous aurons à relever.

Le général Nivelle en tous cas, ne tarda pas à user de sa prééminence. Le soir de ce même 27 février, il adressait au maréchal Haig une longue lettre où, après avoir rappelé le rôle assigné à l'armée britannique dans l'offensive générale projetée, il indiquait Cambrai comme son premier objectif, et fixait le 8 avril comme date des attaques d'infanterie [1]. En même temps, il demandait communication des ordres donnés par le maréchal à ses commandants d'armée, expliquait que les difficultés de transport ne devaient plus être un obstacle, enfin insistait sur l'intérêt qu'il y aurait à constituer promptement, pour mieux assurer la liaison, une mission anglaise au grand quartier général français. C'était entrer de plein pied dans l'exercice de ses nouvelles fonctions.

Plan d'action définitif. — Le plan qu'il avait définitivement adopté apportait à celui du général Joffre une double modification. Tout d'abord, les deux attaques françaises sur le front Roye-Lassigny et au sud de l'Aisne, suffisamment équipées maintenant en artillerie, cessaient d'être séparées par un assez long intervalle. Ensuite — et ceci

---

1. L'ouverture de l'offensive était ainsi reculée par suite de la difficulté des transports.

constituait une révolution presque absolue — c'était la seconde de ces attaques qui devenait, en lieu et place de la première, l'affaire principale et, conséquemment, devait se dessiner la première. Du côté anglais, deux offensives étaient également prévues, l'une, principale, dans la région d'Arras, l'autre, secondaire, sur l'Ancre.

Au total, l'opération se résumait comme suit :

1° Opérer une rupture sur le front de l'Aisne, entre Reims et le canal de l'Aisne à l'Oise, les attaques anglaises et celle de Roye étant surtout destinées à attirer les réserves ennemies loin du théâtre de l'effort principal.

2° Élargir aussitôt que possible sur les deux ailes la brèche effectuée, puis faire intervenir une armée de manœuvre débouchant en terrain libre et ayant pour mission d'écraser avec toutes ses forces, les réserves que l'ennemi pourrait jeter successivement dans la mêlée.

3° Porter enfin la masse vers le nord, sur l'axe général Craonne-Guise, pendant que les forces chargées de l'attaque secondaire du front Roye-Lassigny s'efforceraient de pousser sur Saint-Quentin, et que les armées britanniques continueraient à foncer dans la direction de Cambrai.

L'œuvre de rupture était confiée au groupe d'armées Micheler, dont la Xe armée (général Duchêne) avait pour mission d'élargir la brèche et d'exploiter le succès. L'attaque secondaire devait être effectuée par le groupe des armées du Nord, commandé par le général Franchet d'Esperey.

Repli allemand sur le front anglais. — Mais, sur ces entrefaites, un événement s'était produit, qui pouvait amener certaines perturbations dans les projets établis. Appliquant une méthode indiquée par Hindenburg, et qui consistait à faire le vide devant l'adversaire pour mieux recevoir son attaque et surtout pour préparer plus à loisir la riposte, les Allemands venaient d'entamer un repli de grande amplitude sur l'Ancre, face à la première armée britannique. Or, l'attaque — secondaire, il est vrai — de cette armée étant comprise dans le plan général d'opérations, et le repli entamé pouvant d'ailleurs s'étendre par la suite plus au nord ou plus au sud, il convenait de prêter attention à l'incident. Invité, dans la lettre précitée du 27 février, à donner son avis, le maréchal Haig répondit, le 2 mars, par la communication d'une note qu'il adressait au *War Committee*, laquelle indiquait en substance qu'il fallait malgré tout s'attendre à une offensive allemande « exécutée sur la plus large échelle possible, et conduite avec la rapidité, la violence et la détermination les plus grandes, en vue d'obtenir une décision aussi rapide que possible par tous les moyens présentant une chance de succès. »

Le commandant en chef des forces britanniques voyait les choses assez en noir. Jugeant peut-être que le repli allemand n'était qu'une feinte, il semblait résolu à n'y point prêter la main. A ses yeux, l'attaque alliée risquait désormais, au moins sur une partie considérable de son front

« de devenir un simple coup d'épée dans l'eau ».
Il allait plus loin encore. Toujours féru de son idée
d'offensive allemande, il voyait déjà le danger
fondre sur le secteur compris entre Lille et la mer
« qui exerçait sur l'ennemi une puissante attrac-
tion ». Et dans ce cas, le centre de gravité des
armées britanniques ayant été, par suite des dispositions prises à la conférence de Londres (du
15 janvier), déplacé vers le sud, il se déclarait
incapable d'employer ses réserves au moment
critique et d'assurer par là le cas échéant la sécu-
rité de ses troupes. Comme conclusion : il jugeait
prudent de ne point s'engager « avant que les
intentions de l'ennemi soient plus claires ». Au
surplus, l'ampleur des préparatifs anglais allait être
réduite, et peut-être même faudrait-il, au pis aller,
renoncer à l'offensive projetée.

Ce retrait inattendu, motivé par de simples
présomptions et que l'état des choses ne paraissait
pas suffisamment justifier, — puisque l'on pouvait
toujours, en devançant les Allemands, les priver
du bénéfice de leur manœuvre — ce retrait, dis-je,
donna de l'humeur à M. Briand qui, dans un télégramme adressé le 6 mars à M. Lloyd George, se
plaignit « des tendances répétées du maréchal Haig
à se dérober aux instructions qui lui étaient données, et à remettre sans cesse en question l'offensive elle-même, et cela en un moment aussi voisin de
l'exécution ». La bonne intelligence, qui, quelques
jours plus tôt paraissait si complète, allait-elle
être rompue sur ce simple incident ?

Le général Nivelle, de son côté, s'efforçait de mettre un peu d'huile dans les rouages. Il répondait au maréchal Haig que ses craintes au sujet d'une attaque allemande en Flandre ne semblaient pas fondées et que, si quelques mesures de précaution dans cette région étaient jugées nécessaires, elles ne devaient entraver en rien la préparation de l'offensive projetée. Toutefois, il modifiait dans une certaine mesure ses directives primitives, afin de les plier à la situation nouvelle créée par le repli allemand. Ainsi, l'attaque confiée à la Ve armée britannique, celle devant laquelle venait de s'effectuer ce repli, était décommandée, mais à la condition que les disponibilités ainsi obtenues serviraient à augmenter la puissance de l'attaque exécutée par le reste des forces britanniques.

Il s'agit toujours, écrivait-il, de rompre le front ennemi sur la plus grande largeur possible et de porter immédiatement toutes nos réserves au delà de la brèche, pour gagner la région de Cambrai. Je ne peux pas préjuger des modifications que nous devrons apporter aux modalités d'exécution de ces attaques, par suite de leur renforcement par les disponibilités prises à la Ve armée, et de la possibilité de prendre immédiatement l'ennemi à revers s'il occupe à ce moment la position Hindenburg, mais je tiens à insister sur la nécessité de *donner à votre front de rupture toute l'amplitude voulue* sur les deux rives de la Scarpe, faute de quoi nos réserves stratégiques, seront hors d'état d'intervenir utilement [1].

1. Document personnel.

La date fixée pour l'ouverture de l'offensive générale n'était pas changée.

Nouvelle conférence de Londres. — Cependant, le commandant en chef des forces britanniques s'obstinait dans sa résistance, à ce point que, pour aviser aux mesures à prendre, le gouvernement anglais crut devoir proposer la réunion d'une nouvelle conférence à Londres. Le nôtre ne s'en souciait guère, et ne se rendit qu'après quelques difficultés. M. Ribot fut envoyé en Angleterre, et après une discussion qui dura deux jours (12 et 13 mars) on se borna à consacrer les décisions antérieurement prises à Calais, avec ce complément qu'un organe de liaison, dirigé par le général Wilson, serait créé entre les deux quartiers généraux. La séance allait être levée lorsque M. Ribot demanda à M. Lloyd George, qui présidait, s'il n'y avait pas lieu d'inviter le général Nivelle à exposer son plan général d'opérations. A quoi le chancelier de l'Échiquier, M. Bonar Law, riposta : « Mais les généraux sont-ils d'accord ? » Et comme ces derniers répondaient affirmativement, il ajouta : « Alors, cette affaire ne nous regarde pas. » Et malgré l'insistance de M. Ribot, il fut passé outre, par une très juste application du principe de la séparation des pouvoirs.

Recul général des Allemands. — Mais tandis qu'on délibérait à Londres, les choses changeaient sur le front français. Depuis quelques jours, les renseignements fournis par les prisonniers et les évacués concordaient avec la fréquence des incendies et les dévastations systématiques, pour laisser supposer que les Allemands préparaient un repli général de leur front sur la ligne Lille-Cambrai-Saint-Quentin-forêt de Saint-Gobain. Tout de suite on multiplia les reconnaissances, en les poussant aussi loin que possible. Elles apprirent que déjà, dans la région de Lassigny, les trois premières lignes de l'ennemi étaient évacuées, et aussitôt, le commandant en chef donna l'ordre au groupe d'armées du Nord de pousser jusqu'aux abords de La Fère et de Saint-Quentin, ce qui fut fait à la date du 4 avril.

Quelles pouvaient être maintenant les conséquences de ce nouveau repli allemand ? Pour les apprécier, il faut remonter un peu plus haut.

L'idée d'une position fortifiée, sur laquelle s'installerait défensivement l'armée ennemie, datait de la bataille de la Somme. Dès cette époque, en effet, la presse germanique avait annoncé l'éventualité d'une manœuvre stratégique en retraite. La ligne choisie, que l'on a désignée depuis sous le nom de ligne Hindenburg, commença peu après à être aménagée. Elle suivait le tracé général : Arras-Mœuvres-Saint-Quentin-Berthincourt-La Fère-Moulin de Laffaux-Courtecon. Son occupation assurait aux Allemands un raccourcissement de 70 kilomètres environ [1].

---

1. Étude faite par le 2ᵉ bureau du grand état-major (19 mars 1917).

A peine le repli était-il entamé, que la presse
allemande, dûment stylée, laissa entendre que cette
opération ruinait les projets offensifs des alliés, et
rendait aux forces allemandes leur liberté d'action.
Les plans de l'Entente étaient déjoués, disait-elle,
et les préparatifs d'attaque devaient être repris
par elle sur de nouvelles bases, ce qui entraînait
une perte de temps d'au moins trois mois. Le
21 mars, un radiotélégramme de Nauen, signé
Ludendorff, appuyait sur la chanterelle. Au grand
quartier général français, on se demandait si la
manœuvre entreprise par l'ennemi avait uniquement pour but d'esquiver une attaque menaçante,
ou bien si elle était inspirée par le fait que l'ancien
front n'était pas assez fort pour échapper à une
rupture qui l'aurait désorganisé tout entier. Il n'en
était pas moins vrai qu'en raccourcissant leur ligne,
les Allemands venaient de se créer des disponibilités nouvelles, grâce auxquelles ils pourraient, en
profitant de la perturbation apportée dans nos
mouvements actuels, soit passer à une vigoureuse
contre-offensive dans des conditions plus favorables, soit nous attaquer eux-mêmes sur un autre
point. On ne tarda pas heureusement à s'apercevoir que les économies d'effectifs escomptées par
Ludendorff n'étaient pas aussi considérables qu'on
l'avait cru d'abord. Elles ne se montaient en tout
qu'à six divisions. D'autre part, le repli s'étant
opéré uniquement sur le centre, les deux char-
nières de la position allemande, au nord d'Arras et

à l'est de Soissons, restaient intactes. Le plan général d'opérations n'en devait donc pas être sensiblement influencé.

Même, il se trouvait favorisé par certains côtés. En effet, qu'attendait-on des attaques secondaires dont étaient chargées la V° armée britannique et le groupe de nos armées du Nord? La première tendait uniquement à conquérir des observatoires et des positions d'artillerie, qui, grâce au recul, se trouvaient maintenant dépassés. La seconde devait nous rendre maîtres, par la rive droite, des passages de l'Oise jusqu'à Chauny et La Fère, et ces passages, nous étions en train de les prendre sans coup férir. En somme, le recul allemand nous servait au moins autant qu'il nous nuisait.

Mieux encore. Le groupe d'armées du Nord, équipé pour l'offensive, comprenait vingt-six divisions et un puissant matériel d'artillerie. Sa mission se trouvant fort réduite, on pouvait lui enlever une partie de celles-là et une forte proportion de celui-ci. Le général Nivelle s'empressa de constituer, avec ces ressources, une armée de réserve, forte de douze divisions, et de renforcer sensiblement en infanterie et en canons la IV° armée, qui devait opérer à l'est. Il convient d'ajouter enfin que le repli allemand avait, à notre point de vue, une portée morale impossible à méconnaître. Le front ennemi se trouvait éloigné de 50 kilomètres de Paris, conséquence qui n'était nullement à dédaigner dans le moment où, tenant compte d'une certaine nervosité manifestée par la population de la capitale, ordre avait été donné par le gouvernement de renforcer les travaux de défense des forêts de Compiègne et de Montdidier.

Mais, en tout état de cause, la manœuvre de Ludendorff démontrait à l'évidence combien s'imposaient la nécessité et l'urgence de notre offensive. Commencée avec résolution, elle pouvait parfaitement se continuer et s'étendre, exposant certaines de nos forces à frapper dans le vide et à se trouver ensuite désorientées. Loin de remettre l'affaire, il fallait au contraire la précipiter, en activant le plus possible les préparatifs qu'elle exigeait. C'est à quoi se résolut le général en chef.

Il avait encore pour cela d'autres raisons. La guerre sous-marine, déclenchée depuis le mois de février avec la violence que l'on connaît, causait d'assez graves inquiétudes. Quelle influence exercerait-elle sur nos relations avec les États-Unis et sur notre approvisionnement en matières premières indispensables ? Quel retard, ou même quelles impossibilités apporterait-elle à l'entrée en ligne des troupes américaines ? Le général Nivelle se le demandait avec anxiété, et voyait dans les aléas qui le menaçaient un motif de plus de précipiter les choses. Il lui semblait que le temps travaillant non plus pour l'Entente, mais pour l'ennemi, lui avait le devoir de l'écourter. Assurément, il lui était pénible de ne pouvoir faire partager sa confiance et sa foi à certains de ses lieutenants qui, comme le général Micheler et le général Pétain, dissimulaient mal leurs appréhensions. Le premier s'en ouvrait très franchement aux parlementaires qui assaillaient, un peu trop, son quartier général, et à M. Messimy, ancien ministre de la guerre, qui était allé le voir. Le second les avait fait connaître à divers membres du gouvernement. Malgré tout, le commandant en chef se refusait à reculer devant l'obstacle, au moment de l'aborder.

Le cabinet Ribot. — On en était là quand se produisit, à Paris, une crise ministérielle. A la suite de certains incidents de séance, le cabinet Briand, bien qu'il n'eût pas été mis en minorité, crut devoir donner sa démission (17 mars). Quatre jours après, le 21, il était remplacé par un ministère dont le président, M. Ribot, confia le portefeuille de la guerre à M. Painlevé.

Or, celui-ci passait, à tort ou à raison, pour hostile au général Nivelle et désireux de lui substituer une autre personnalité militaire. On le disait également contraire à l'idée d'offensive dont, suivant un document parlementaire non publié, il faisait faire la critique dans ses bureaux. Il est juste d'ajouter que, dès le lendemain de son entrée en fonctions, il recevait à déjeuner, tête à tête, le commandant en chef et lui donnait toutes les assurances d'un concours bienveillant. La conversation roula principalement sur la création éventuelle d'un poste de chef d'État-major général, destiné à placer auprès du Ministre une sorte de conseiller

militaire. Loin de faire opposition à cette idée, le
général Nivelle désigna, comme pouvant le mieux
remplir ces fonctions, les généraux Foch, de Castelnau et Pétain. Il se rendit ensuite chez le président du conseil, à qui il parla du bon accueil à
lui fait par M. Painlevé, déclarant que cette entente
devrait être durable, pourvu que chacun se main-
tînt dans ses attributions. A quoi M. Ribot répondit que des recommandations avaient été faites au
ministre de la Guerre par le président de la République et par lui-même pour que fût respectée l'indépendance militaire du haut commandement.

Les choses cependant, sans se brouiller formellement, ne tardèrent pas à prendre une tournure
plutôt délicate. Dès le 3 avril, en présence de
M. Ribot et de plusieurs ministres, M. Painlevé
posa au commandant en chef, sur la carte, des
questions d'une nature telle qu'on pouvait y voir
l'indice d'une opposition latente, manifestement
partagée par certains membres du Cabinet, tandis qu'au contraire l'amiral Lacaze, MM. Albert
Thomas et Maginot insistaient pour qu'aucune
entrave, même morale, ne fût apportée à la liberté
du chef. Dans le même temps, les commandants
de groupes d'armées étaient mandés directement
au Ministère, à l'insu du généralissime, auquel
ils se crurent tenus de rendre compte, soit orale-
ment, comme les généraux Micheler et Franchet
d'Esperey, soit par écrit, comme le général Pétain,
lequel déclarait avoir exposé au ministre qu'en

répondant à ses questions, il pouvait émettre des vues différentes de celles de son chef hiérarchique, mais qu'invité à s'expliquer quand même, il assurait le général Nivelle de sa parfaite obéissance et de son entier dévouement[1]. Si correcte que fût l'attitude de ces officiers généraux, il n'en est pas moins évident que la façon d'agir adoptée par le ministre avait pour résultat de provoquer la critique d'ordres en cours d'exécution par ceux-là mêmes qui devaient y obéir, d'entretenir la méfiance dans les vertus de l'offensive, enfin de séparer le général en chef de ses subordonnés immédiats. Et de pareils procédés ne sont profitables en aucun cas.

Conférence de Compiègne. — Voulant couper court à ces difficultés, le président de la République provoqua la réunion à Compiègne, pour le 6 avril, d'une conférence à laquelle prirent part, sous sa présidence, M. Ribot, président du Conseil, les ministres de la guerre, de la marine et de l'armement, le généralissime Nivelle et les quatre commandants de groupes d'armées, de Castelnau, Franchet d'Esperey, Pétain et Micheler. Les militaires se tenaient à la droite de M. Poincaré, qui avait en face de lui le président du Conseil, et les ministres à sa gauche. Aucun procès-verbal ne fut dressé, ni aucune note prise par qui que ce soit. Il est possible cependant de reconstituer la physiono-

---

1. Lettres des 19 mars et 3 avril 1917.

mie de la séance et d'en donner, grâce à des documents établis immédiatement après elle, un compte rendu exact.

M. Painlevé prit la parole le premier. Il signala les inquiétudes manifestées, au sujet de l'offensive projetée, par certains membres du Ministère et du Parlement, inquiétudes qu'il avait constatées lui-même. Il rappela l'étendue de nos pertes antérieures et l'état actuel de nos effectifs qui, disait-il, nous invitaient à la prudence, autant au moins que le chiffre élevé des forces rassemblées par l'ennemi devant notre front. C'était le moment où le concours de la Russie, en proie à une révolution dont on ne pouvait encore mesurer la portée, semblait devoir nous faire définitivement défaut, et si, par compensation, l'Amérique venait de se ranger aux côtés des alliés, il s'en fallait que son intervention effective pût se faire sentir de sitôt. Devait-on, dans ces conditions, se lancer dans des opérations tellement larges que leur échec pouvait décider du sort de la guerre, en quelque sorte sur un coup de dé, et cela quand on était assuré de les exécuter plus tard avec de bien meilleures chances de succès ? Le ministre ne le croyait pas, et il ne se faisait point faute d'évoquer les responsabilités encourues par ceux qui croiraient devoir risquer la partie malgré tout.

« Ces responsabilités, je remercie M. le Ministre d'y avoir fait allusion, répondit le général en chef, et je suis prêt à les assumer tout entières, avec de plus lourdes encore, si l'intérêt du pays l'exigeait. Je demande seulement qu'on ne les déplace pas, rien n'étant d'ailleurs plus facile que de les établir. »

Le général Nivelle rappela alors les diverses conférences tenues à Chantilly, à Londres, à Calais, puis derechef à Londres, au cours desquelles avaient été arrêtées les directives concernant la conduite de la guerre, et où l'obligation avait été constamment imposée au haut commandement de se tenir prêt à entamer l'action, puis d'y passer avant le 1er avril. Il fit mention des recommandations itératives qui lui avaient été faites dans ce sens, et du rapport Violette, où il était dit formellement que, faute de prendre l'initiative dès le début du printemps, on serait devancé par les Allemands. Il déclara que, lié par ces instructions répétées, lui, général en chef, ne se croyait pas le droit de reculer. Que si le gouvernement jugeait l'heure défavorable, en raison des circonstances indiquées par le Ministre, il pouvait le dire, ayant seul dans ses attributions la conduite générale de la guerre. Le Généralissime alors obéirait, ou demanderait à être relevé de ses fonctions, suivant qu'il jugerait le nouveau système conforme ou non aux exigences de la situation militaire. Jusque là, il se considérait comme engagé par les décisions antérieures. A ces mots, M. Ribot, président du Conseil, interrompit, et frappant la table, s'écria : « L'offensive ! L'offensive ! Le contraire conduit toujours à la défaite. »

Le ministre de la Guerre intervint alors à nouveau, pour dire qu'il lui paraissait angoissant de jouer ainsi son va-tout et de risquer la partie sur une seule carte. Après quoi, il invita le général en chef à indiquer quelle forme il entendait donner à son attaque, et d'exposer au Conseil le développement de la bataille, telle qu'il la comprenait. « Qu'il soit bien établi avant tout, répondit le général Nivelle, que nous ne jouons point notre va-tout. Jamais un chef d'armée ne prononcera semblable parole, parce qu'il doit toujours envisager l'éventualité d'un insuccès ou d'un succès imparfait, et se réserver les moyens d'y parer. » Il ajouta :

Mobiliser toutes ses forces, les avoir sous la main prêtes à intervenir, cela ne veut pas dire qu'on les jettera toutes inconsidérément et d'un seul coup dans la fournaise. Mais c'est précisément pour pouvoir diriger la bataille à son gré, imposer à l'ennemi et conserver soi-même la maîtrise des opérations, qu'il faut tenir réuni le faisceau de toutes les forces disponibles.

Dans les grandes attaques antérieures (Artois, Champagne, Somme), on a, à certains moments, obtenu des succès assez importants pour que la trouée parût faite. Seulement, les réserves étant trop éloignées et les fronts restant trop exigus, ces succès n'ont pu être exploités. La conception d'une bataille à but restreint et à objectifs limités doit être repoussée, parce qu'on ne livre point de demi-bataille. On ne s'engage, assurément, qu'à bon escient et quand on s'est arrangé, comme le recommande Napoléon, pour avoir de son côté 70 % des chances. Il est impossible d'affirmer, cependant, que tout risque soit exclu.

Interpellé alors directement par le général en chef, le « doyen de nos généraux », Castelnau, opina que la question ne faisait aucun doute, et que toute bataille devait être poussée et exploitée à fond. Nivelle ensuite poursuivit son exposé :

Si les directives données au commandement prescrivent l'offensive, dit-il, c'est que les gouvernements alliés ont pensé — et non sans raison — que le moment et les circonstances lui étaient propices à tous les points de vue, stratégique, tactique et moral. Examinons-les donc successivement.

Quelle est, actuellement, la situation de nos alliés? La Russie roule dans l'anarchie, c'est vrai, et nous manque, mais qui sait si dans quelques mois, elle n'aura pas signé une paix séparée qui nous jettera sur les bras tout ou partie des forces austro-allemandes occupées en ce moment sur le front oriental[1] ? L'Amérique, il est vrai, nous tend les bras. Mais l'attendre, c'est délibérément renoncer à toute chance de terminer la guerre en 1917. Et quant à l'Italie qui, à tort ou à raison, redoute une attaque dans le Trentin, elle ne distraira ni un homme ni un canon de son front, tant qu'elle ne sera pas assurée que nous retenons sur le nôtre toutes les forces allemandes[2].

1. Cette prédiction, comme on sait, s'est malheureusement réalisée un peu plus tard. Il n'en est pas moins vrai que le 16 mars 1917, le général Nivelle adressait au général Janin, chef de la mission militaire en Russie, un télégramme chiffré le priant de demander au général Alexeïeff de dessiner une offensive générale dans le commencement ou le milieu d'avril. La désorganisation rapide des armées russes coupa court à ce dessein.

2. En janvier 1917, le commandement français, qui envisageait alors la possibilité d'une violation de la neutralité suisse et d'une puissante offensive allemande en direction, soit de Milan, soit

En l'état présent des affaires, la Russie et l'Italie
nous rendent le maximum des services que nous pouvons attendre d'elles, en retenant devant elles de forts
contingents ennemis. Ceux-ci, il est vrai, sont déjà
fort réduits sur le front oriental. Mais c'est là un mal
qui, malheureusement, ne peut qu'empirer, et nous
menace peut-être d'une attaque allemande qui,
déclenchée avant la nôtre, serait le pire des malheurs.

A ce moment, en effet, 43 divisions allemandes, identifiées par notre exploration, étaient
disponibles derrière le front, et neuf autres arrivaient les renforcer. On savait, au surplus, que
l'ennemi procédait à la création de 22 divisions

de Besançon et Lyon, avait mis à l'étude le plan d'une collaboration plus étroite entre les forces françaises et italiennes, et,
dans sa visite au quartier général italien, le général Nivelle
s'était entretenu avec le général Cadorna des mesures à prendre
éventuellement. Mais, à tous risques, il avait, en attendant,
constitué sur la frontière suisse un nouveau groupe d'armées
aux ordres du général Foch (19 janvier), tandis qu'un plan de
transport d'unités italiennes en France était élaboré par les
deux états-majors alliés.

Après la seconde conférence de Londres, le général Nivelle
demanda au général Cadorna de prononcer, avant la mi-avril, une
offensive sur l'Isonzo. Il évoquait cette clause du protocole
établi autrefois à Chantilly : « Si l'une des puissances est
attaquée, les autres lui viennent immédiatement en aide, dans
la mesure de leurs moyens. » Mais le général Cadorna répondait que, menacé lui-même dans le Trentin, il ne pouvait songer
à attaquer sur l'Isonzo avant que ne se soit affirmé le succès français. On tournait ainsi dans un cercle vicieux. C'est seulement
après le 20 avril, quand eurent été obtenus ici les résultats
dont il sera parlé plus loin, que les Italiens préparèrent une
attaque sur le Carso. Et l'on voit par là combien il a été pré-
maturé d'affirmer, après ces journées de bataille, que notre
offensive avait radicalement échoué.

nouvelles, 13 formées de régiments de la catégorie 400 et 9 de régiments de la catégorie 600. Enfin, les afflux du front oriental ne cessaient pas, sans qu'on pût exactement en déterminer la valeur. De pareilles concentrations de forces pouvaient-elles s'allier, chez les Allemands, avec l'intention de demeurer passifs et inertes? Il eût été puéril de le croire. Au surplus, dès le 15 mars, une note du 2me bureau du grand État-major signalait l'activité significative de l'ennemi devant nos Ve et VIe armées. Fallait-il donc se laisser prendre de court?

Au point de vue tactique, nous possédions encore, en ce moment, la supériorité numérique (plus de 100 divisions franco-anglaises), mais une supériorité assez précaire comme durée probable, et qui pouvait disparaître tout à coup. Raison de plus pour en profiter, disait le commandant en chef. Il ajoutait que si le repli allemand sur la ligne Hindenburg, limité jusqu'ici au front d'Arras à l'Oise, n'avait pas encore nui au développement de notre plan offensif, on pouvait craindre qu'il ne s'étendît sur les ailes, de façon à nous faire tomber dans le vide à peu près partout. Enfin le général Nivelle répondait du moral des troupes, de leur entraînement, de leur esprit de sacrifice. Et il était assuré du concours entier, dévoué et intégral des armées britanniques et belges, dont s'étaient portés garants le maréchal Haig, M. Lloyd George, le roi Albert, M. de Brocqueville et le général Ruquoy.

Toutefois, il se refusait à préjuger la forme même de la bataille, résultante de deux volontés contraires. Tout ce qu'il affirmait, c'est que, laissant de côté les objectifs géographiques et les positions fortifiées, il entendait uniquement rechercher la destruction de l'armée ennemie. Il ne voulait en aucun cas limiter le succès, si celui-ci répondait à ses efforts. Il prétendait au contraire l'exploiter jusqu'au bout, à l'exemple de Napoléon après Iéna et Auwerstædt. C'était donc une lutte peut-être fort longue qui allait s'engager, mais dont les aspects divers échappaient à toute prévision [1].

Le Commandant en chef ayant clos de la sorte son exposition, le président de la République lui demanda s'il voulait bien que les commandants de groupes d'armées présents à la séance, donnassent à leur tour un avis motivé. « Certainement, répondit Nivelle. En ma présence, il n'y a aucune atteinte à la discipline... » Sur quoi, M. Poincaré posa ainsi la question : « Que pensez-vous de l'offensive en préparation, de son opportunité, de la forme à lui donner ? »

Interrogé le premier, le général de Castelnau qui, ne devant point participer à la bataille, n'en connaissait ni le plan ni le dispositif, s'en tint aux généralités, et déclara qu'il appartenait au gouver-

---

1. La conclusion était fort juste, et la bataille libératrice, menée par Foch en 1918, lui a donné une éclatante consécration.

nement d'ordonner ou de contremander l'offensive, mais que le reste était une question de confiance dans le commandant en chef. Si cette confiance existait, il fallait lui laisser les coudées franches, sinon, on devait le remplacer. Le général Franchet d'Esperey se borna à rappeler les accords conclus avec les alliés, et qui ne pouvaient être dénoncés. Mais quand ce fut au tour du général Micheler, la question dévia pour aboutir à une discussion tactique entre le commandant en chef et le commandant du groupe d'armées de réserve. Comme elle ferait ici l'office de hors-d'œuvre, nous ne nous y attarderons pas. Il nous suffira de dire que, sur l'opportunité de l'offensive et la date fixée, le général Micheler fut absolument catégorique et qu'il formula l'espoir très net d'enlever trois lignes ennemies du coup.

Avec le général Pétain, l'affaire changea de face. Le commandant en chef des armées du centre n'hésitait pas en effet à affirmer que si nos forces étaient suffisantes pour faire tomber les premières positions ennemies, elles ne l'étaient pas pour exploiter ce succès et le pousser plus loin. Il acceptait donc l'idée même de l'offensive, mais à la condition que celle-ci fût limitée dans l'ensemble et dans le détail, et que les réserves fussent utilisées uniquement pour faire les relèves nécessaires, puis pour tenir le nouveau front agrandi. Ce programme, on le voit, était en désaccord complet avec celui qui avait été présenté.

Le général Nivelle veut décliner le commandement. — La séance tournait insensiblement au Conseil aulique, ou à l'un de ces conseils de guerre que Napoléon jugeait détestables et dont Frédéric disait crûment qu'on ne doit les tenir que le « c.. sur la selle », et pour donner des ordres. Pris entre l'opposition mal dissimulée du ministre de la Guerre et les réticences de certains de ses lieutenants, le commandant en chef commençait à se sentir mal à l'aise et gêné dans son indépendance. Reprenant alors la parole, il répéta que c'était au gouvernement qu'il appartenait de décider des questions intéressant la conduite générale de la guerre. Lui-même sollicitait cette décision, mais, pour qu'elle fût prise en toute liberté et en dehors des questions de personnes, il remettait sa démission entre les mains du chef de l'État.

Il y eut, naturellement, un moment d'émoi. Le président de la République s'écria qu'il n'acceptait point cette solution, et qu'au besoin il donnerait au général Nivelle l'ordre de rester à son poste. Le président du Conseil, le ministre de la Guerre joignirent leurs instances à celles de M. Poincaré. Ils se heurtèrent à une volonté qui paraissait inflexible. « Depuis un certain temps, disait le commandant en chef, il y a quelque chose de changé. Les interventions faites auprès de mes subordonnés ont porté atteinte à notre confiance réciproque. Je ne travaille plus avec eux dans le même sentiment de camaraderie confiante. Dans ces conditions, l'exercice du commandement, surtout à l'ouverture des opérations, est impossible. Et ma situation devient d'autant plus difficile, que je sens ne plus avoir la confiance unanime du gouvernement. » A ces mots, l'insistance de tous — et particulièrement de M. Painlevé — pour faire revenir le général sur sa détermination se fit plus pressante. « Vous avez toujours notre confiance entière », lui disait-on. De son côté, le général Pétain protestait avec chaleur de son dévouement absolu et de son esprit de discipline, lequel d'ailleurs n'avait jamais été mis en doute. « Vous ne pouvez, disait-il à son chef, donner en ce moment votre démission. Elle produirait un effet déplorable dans l'armée et dans le pays. » Enfin, le président du Conseil, après s'être fait l'interprète des sentiments de tous à l'égard du général Nivelle, confirma qu'il n'y avait rien de changé dans les projets établis, étant entendu que si l'offensive ne donnait pas, à bref délai, les résultats attendus, on ne s'entêterait pas, comme naguère sur la Somme, dans des batailles sans solution.

Le commandant en chef, cependant, n'était pas convaincu. Il essayait vainement de triompher de ses perplexités et de chasser ses méfiances. Il se sentait étouffer dans une atmosphère de suspicion, qu'il ne parvenait pas à dissiper. Les assurances de concours moral qu'il avait reçues lui paraissaient manquer d'élan et de conviction. Il ne les jugeait pas suffisantes, en tous cas, pour le soutenir dans sa tâche redoutable, et ainsi, un terrible conflit s'élevait dans son âme, au moment même où il aurait eu besoin d'être électrisé par la foi. Le 7 avril au matin, après avoir longtemps lutté contre lui-même, il prenait son parti et rédigeait une lettre de démission.

Mais alors intervinrent d'abord un de ses amis personnels, le sénateur Boudenoot, qui lui montra quelle atteinte il porterait à sa propre renommée en paraissant reculer devant l'action qu'il avait lui-même préparée, et en reniant les engagements pris envers les alliés, l'armée et le pays; puis M. Albert Thomas, qui, le 8, vint en personne, et officiellement, lui apporter les encouragements du gouvernement. Résister à cette double sollicitation eût été, de la part du général Nivelle, faire preuve de dépit et d'une obstination mal placée. Il céda donc, mais sans pouvoir s'empêcher de garder au cœur une blessure que des paroles adoucissantes n'avaient pas complètement cicatrisée. En fait, et bien que, dans cette suprême conférence de Compiègne, il ait été décidé que les projets antérieurs seraient réalisés, on s'apercevait que certaines appréhensions subsistaient, dont l'expression trop nettement formulée pouvait jeter la perturbation dans les esprits. On ne s'engageait point à plein collier, comme il eût été nécessaire dans une entreprise décisive dont on attendait des résultats formels. En dépit des résolutions prises, des moyens mis en œuvre, de la valeur indiscutée et de l'insoupçonnable loyauté de tous les exécutants, il régnait partout comme une sorte d'anxiété dont les plus ardents ne se dégageaient qu'avec peine. Et, de la sorte, la bataille allait s'ouvrir dans des conditions qu'il serait assurément excessif de qualifier de mauvaises, mais qui n'étaient point tout à fait celles où l'on pouvait trouver l'assurance préalable d'un franc et copieux succès.

CHAPITRE II

LES PRÉPARATIFS

Il nous faut maintenant revenir un peu en arrière pour voir comment avait été conçue et effectuée la préparation de l'attaque, avant et après le repli allemand.

Avant le repli. — L'opération en projet avait pour but, on l'a vu précédemment, la destruction de la masse principale ennemie sur le front occidental, et cela par une bataille aux larges dimensions, à la durée incertaine, mais certainement très longue, qui serait livrée par toutes les forces disponibles des alliés, et complétée par une intensive exploitation. De là deux phases successives : la première consistant en une rupture violente, brutale, soudaine, effectuée d'un coup sur les positions de l'ennemi et la zone occupée par son artillerie ; la seconde comportant une poursuite implacable, effectuée sans interruption ni répit par les réserves préalablement bien postées, de façon à interdire à l'adversaire profondément ébranlé la faculté de se rétablir. Tel était le sens et le texte même de toutes les instructions données depuis le mois de janvier aux chefs des grandes unités. Ces instructions s'inspiraient de principes techniquement indiscutables. Elles étaient complétées par l'exposé du plan d'opérations que voici :

Pour paralyser l'adversaire et l'empêcher de concentrer quelque part ses moyens de défense, il fallait aborder simultanément des régions différentes, suffisamment espacées, et échelonner les attaques dans le temps, de façon à ce que celle que les circonstances indiqueraient comme devant être poussée à fond bénéficiât des succès obtenus par les premières. En conséquence, l'offensive se dessinerait à la fois dans la région du nord de l'Oise et sur le front compris entre le canal de l'Aisne à l'Oise, par les armées françaises ; sur le front Arras-Bapaume, en direction de Cambrai, par les armées britanniques, la rupture principale du front ennemi étant recherchée sur l'Aisne.

Quant au rôle assigné aux grandes masses, il était respectivement le suivant :

1° *Le groupe des armées du Nord*, commandé par le général Franchet d'Esperey [1], avait pour mission de rompre le front adverse entre l'Oise et l'Avre, en prenant pour axe de ses attaques la ligne Canny-sur-Matz-Guiscard. S'il réussissait, il se porterait immédiatement sur la ligne Ham-Tergnier-Chauny, afin de se saisir des voies principales de communication allemandes dans les vallées de la Somme et de l'Oise [2].

2° *Le groupe des armées de réserve*, aux ordres

---

1. Ire et IIIe armées.
2. Instruction du 31 décembre 1916.

du général Micheler [1], devait frapper entre Reims et le canal de l'Aisne à l'Oise avec, comme objectif, la ligne Vailly-Fort de la Malmaison-Urcel-Montbérault-Festieux-La Malmaison-Neufchâtel-Bourgogne-Brimont. La brèche faite, il poursuivrait sa marche en direction Saint-Quentin-Laon, et se porterait sur la ligne Soissons-Anizy-le-Château-Laniscourt-Forêt de Samoussy-Anizy-le-Comte-Warmeréville [2].

3° *Le groupe des armées du Centre*, ayant à sa tête le général Pétain [3], était chargé d'appuyer l'offensive du général Micheler, en accrochant et retenant l'ennemi devant son front, et en dirigeant une attaque contre la ferme Navarin et le Mort-Homme [4]. Quant au *groupe des armées de l'Est*, que commandait le général de Castelnau, il gardait l'expectative jusqu'à ce que les événements aient eux-mêmes fixé les conditions dans lesquelles il devrait être engagé.

Mais le grand quartier général ne se bornait pas à indiquer ainsi les lignes générales de l'opération projetée. Depuis les premiers jours de janvier, il multipliait les recommandations d'ordre technique et tactique concernant le mode d'abordage des positions ennemies, le débouché des colonnes, le moyen d'éviter l'encombrement et l'entassement

1. V^e, VIe, X^e armées.
2. Instruction du 29 janvier 1917.
3. IIe et IVe armées.
4. Instruction du 6 janvier 1917.

des troupes, les mesures à prendre pour assurer la mobilité des unités, la rapidité des manœuvres, l'organisation des transports, des ravitaillements et du service de santé. A partir de cette date jusqu'à l'ouverture de l'offensive, le registre de correspondance n'est plus guère qu'un fertile et copieux exposé des grands principes tactiques s'appliquant au cas présent. Malheureusement, dans le même temps, l'action personnelle que le commandant en chef avait à exercer dans cette immense préparation se trouvait grandement entravée par les nombreux déplacements rendus obligatoires, soit en raison de trop fréquents appels à Paris, soit parce qu'il devait accompagner sur le front les ministres ou autres personnages officiels en voyage. C'est ainsi que, pendant la période qui s'étend du 22 mars au 6 avril — soit seize jours —, il en passa douze hors de son quartier général. Inutile d'insister sur les inconvénients qu'entraînaient de semblables pertes de temps [1].

Après le repli. — On a vu plus haut qu'averti du repli allemand sur la ligne Hindenburg, le général Nivelle n'avait pas cru devoir modifier, au moins dans son ensemble, le plan d'opérations primitive-

---

1. Du 20 avril au 11 mai, en pleine bataille, le général en chef, pour les raisons indiquées ci-dessus, fut absent neuf jours de son quartier général. Ces perpétuels déplacements entravèrent tellement la marche des affaires qu'un des officiers d'ordonnance du général, le lieutenant-colonel d'Alançon, crut devoir faire auprès de M. Albert Thomas une démarche personnelle, afin de les faire cesser.

ment arrêté par lui. Cependant, en ce qui concernait les armées britanniques, il décidait que l'attaque prévue sur le front de l'Ancre n'aurait pas lieu, et qu'en conséquence les forces destinées à opérer de ce côté seraient réduites, les disponibilités ainsi constituées devant servir à renforcer l'attaque de la Scarpe, laquelle était maintenue. En même temps, il avisait le commandant des groupes d'armées que si le repli ennemi s'accentuait au nord, le groupe Franchet d'Esperey devrait se borner à talonner l'adversaire avec les forces strictement nécessaires, le surplus étant attribué au groupe Pétain, dont l'action serait, en tout état de cause, poussée à fond. L'axe des opérations était donc légèrement déplacé, de façon à porter le principal effort contre la charnière méridionale de la position allemande, et à la déborder [1].

Mais comme, entre temps, le mouvement de retraite était allé toujours s'accentuant, le général en chef, tout en confirmant ses instructions précédentes, formait le 17 mars, à toute éventualité et au moyen de prélèvements opérés sur le groupe Castelnau, une nouvelle armée de réserve. Il ordonnait au général Pétain d'exécuter, le jour même où commencerait l'offensive des armées Micheler, et en liaison étroite avec elles, une vigoureuse attaque sur le front Nauroy-Auberive. Il insistait tout particulièrement sur la double néces-

---

1. Instructions du 7 mars 1917.

sité d'accentuer rigoureusement la poussée de l'ennemi en retraite en y employant toutes les armes, puis de rester continuellement en garde contre la puissante contre-attaque que l'ennemi pourrait lancer après nous avoir attirés hors de nos positions fortifiées. Enfin, confirmant le 19 mars les instructions précédentes, il écrivait :

Le groupe d'armées du Nord doit marcher en avant, ses éléments avancés gardant un contact étroit avec l'ennemi. Le gros prendra position sur la ligne Bray-Saint-Christophe-Saint-Simon-Terguier-Chauny-Pont-Saint-Mard. Il se mettra ensuite en mesure de passer éventuellement à l'attaque brusquée de la position Hindenburg dans le secteur entre Oise et Somme.

Le groupe d'armées de réserve doit déclencher son offensive le plus tôt possible et, en cas de repli de l'ennemi, l'attaquer immédiatement, puis, en attendant que ses forces soient toutes en ligne, garder le contact le plus étroit.

Jusqu'alors le commandant en chef, encore incomplètement fixé sur l'amplitude définitive du repli allemand, s'était borné à apporter à l'orientation générale de sa manœuvre des variations légères. Ainsi, le **27 mars**, voyant que le général d'Esperey avait pu, sans coup férir, porter ses forces jusque près de Saint-Quentin, il aiguillait le groupe des armées de réserve vers la droite, en direction Guise-Vervins-Hirson. Enfin, le 5 avril, il traçait, ainsi qu'il suit, à toutes les forces placées sous son commandement leur rôle définitif.

A) RUPTURE.

Les armées britanniques feront brèche dans le front
ennemi entre Givenchy et Quéant. Leurs réserves seront
poussées en direction de Cambrai et de Douai, tandis
qu'une opération latérale rapide sera entreprise à la
fois vers le nord en arrière du front Lens-La Bassée, et
vers le sud-est en prenant à revers la ligne Hindenburg.

Le groupe d'armées du Nord attaquera les positions
avancées adverses à l'ouest et au sud de Saint-Quentin,
puis le front Harly-Alaincourt, en liaison à gauche
avec la IVe armée britannique, à droite avec le groupe
d'armées de réserve.

Le groupe d'armées de réserve développera ses
attaques initiales sur le front primitivement fixé, et en
direction de Guise, Vervins, Hirson.

Le groupe d'armées du Centre coopérera par sa
IVe armée à l'attaque du précédent, en prenant l'offensive à l'ouest de la Suippe, qu'il bordera après l'enlèvement du massif de Moronvilliers.

L'armée belge rompra le front ennemi dans les
régions de Steenstraat et Dixmude.

B) EXPLOITATION.

Armée britannique. — Après la prise de Cambrai et
de Douai, marcher sur Valenciennes, puis sur Mons,
Tournai et Cambrai en liaison avec l'armée belge, qui
se portera sur Roulers et Gand.

Groupes d'armées du Nord. — Se rendre maîtres des
voies ferrées partant d'Hirson vers Cambrai, Valenciennes et Maubeuge.

Autres groupes d'armées. — Conquête de toute la
boucle de l'Aisne, puis de la région comprise entre la
Meuse, la Sormonne et l'Oise.

Ce plan, on le voit, avait une ampleur considérable. D'aucuns ont dit, même, qu'il en avait trop. Il ne dépassait pas, cependant, les dimensions d'une bataille, à la vérité fort dure et probablement très longue, mais nettement délimitée dans sa genèse, dans son exécution et dans son développement. Sans doute, il avait pu trouver des censeurs. Quelle est la manœuvre qui, par quelque côté, ne prête pas à la critique, surtout après coup? Cependant sans entrer dans l'examen approfondi de celle qui nous occupe — ce qui serait un travail didactique fastidieux et inutile puisque les causes de l'échec qu'elle a subi sont toutes extérieures à sa conception même — on peut dire que son idée maîtresse dérivait de ce principe, essentiel à la guerre, qu'il faut attaquer son ennemi partout, si l'on veut arriver à l'écraser quelque part. En donnant à son champ de bataille des dimensions beaucoup plus vastes que celles de toutes les offensives antérieures, en déployant ses forces d'un coup depuis la Scarpe jusqu'à la Suippe, le général Nivelle donnait à l'action grandiose et cohérente des armées alliées une élasticité féconde et une souplesse pleine de promesses. Il s'engageait partout, comme il est de règle, mais non pas avec tous ses moyens à la fois, car il sauvegardait cet organe alimentaire de la bataille, qui s'appelle l'échelonnement en profondeur. Existait-il d'autres combinaisons plus subtiles que les siennes ou marquées d'un sceau plus divinateur? C'est ce qu'il serait outrecuidant de décider. Mais nul ne saurait nier que certaines difficultés d'ordre spécial, signalées plus haut, n'aient compliqué plus que de raison la tâche déjà si lourde du commandement suprême, et pesé d'un poids fâcheux sur la conduite générale des opérations. Se sentant l'objet d'une suspicion discrète, mais qui se révélait dans les critiques parfois très ardentes opposées à ses projets; n'ayant pas en mains le pouvoir de couper court aux rapports insolites que plusieurs personnages politiques entretenaient avec ses subordonnés; comprenant enfin que l'opposition faite à ses décisions n'avait point cédé devant leur homologation officielle, le général en chef éprouvait en son for intérieur une gêne pénible et un malaise dont il ne parvenait pas à s'affranchir.

Cependant, à ne voir que les conditions organiques dans lesquelles allait s'engager la bataille, il était en droit de conserver intacts la confiance et l'espoir. Les troupes, aussi bien françaises qu'alliées, étaient encore pleines d'élan et d'ardeur. Ayant bénéficié d'une assez longue période d'instruction et de repos, elles montraient toutes un souffle patriotique, un esprit de sacrifice, une soif de victoire et un état d'entraînement dont les représentants du gouvernement qui venaient fréquemment les visiter, avaient eux-mêmes été frappés. Leur état matériel se présentait sous un jour au moins aussi satisfaisant. Mais pour le bien faire connaître, il faut entrer ici dans quelques développements.

Jamais, on peut le dire, préparation aussi intensive ni pareille accumulation de moyens n'avaient été effectuées. L'artillerie, particulièrement en fait de canons lourds à tir rapide du plus récent modèle, possédait une puissance inconnue jusqu'alors. C'est ainsi que le groupe d'armées de réserve, chargé de l'attaque principale, étalait sur un front de 40 kilomètres, 5.343 pièces, dont 1.930 de gros calibre[1]. Deux groupements de chars d'assaut, forts respectivement de 48 et de 80 engins dits tanks, avaient été constitués. Quant aux munitions, on en avait, malgré les fortes dépenses antérieures, toujours à profusion[2].

Dès le 7 avril, toutes les armées avaient été approvisionnées à sept jours de feu[3]. L'avant-veille, les allocations quotidiennes de remplacement, destinées à faire face aux consommations préliminaires de la bataille, et représentant au moins un tiers de journée de feu, avaient été distribuées partout. Enfin, d'autres allocations, d'importance variable suivant les besoins, furent fournies à partir du 16 avril[4], et un total de 2.716.000

1. Situation de l'artillerie du 16 avril 1917.

2. Dans son troisième rapport sur la fabrication de projectiles d'artillerie, M. Violette évaluait à 21.500.000 le nombre de coups existant au 15 avril.

3. Cette première dotation avait nécessité, pour les deux groupes du nord et du centre et la IVe armée, l'emploi de 26.149 wagons (872 trains), transportant 6.500.000 cartouches de 75, 1.788.000 coups de gros calibres, 1.000.000 de bombes de tranchée et 170 millions de cartouches d'infanterie.

4. Ces allocations supplémentaires exigèrent une moyenne de 400 wagons par jour au groupe d'armées de réserve, et de 200 à la 4e armée.

artifices éclairants (fusées, cartouches pour pisto-
lets signaleurs, bengales, etc.), fut alloué aux Ire,
IIIe, VIe et Xe armées, ainsi que 5.081.000 grenades à mains, engins incendiaires ou suffocants.

L'armement de l'infanterie avait été largement
perfectionné. Chaque bataillon disposait de huit
mitrailleuses, et un approvisionnement de précaution était constitué. Chaque compagnie possédait
huit fusils-mitrailleurs. Dans les divisions destinées à l'exploitation de la victoire et dans celles,
affectées aux fronts défensifs, ce chiffre se trouvait
porté à seize, comme il devait l'être très prochai-
nement pour les armées d'attaque. Au surplus, il
résulte des déclarations faites postérieurement par
les généraux Franchet d'Esperey, Humbert (IIIe
armée), Anthoine (IVe armée), Mazel (Ve armée) et
Mangin (VIe armée) que non seulement aucune
unité n'a été arrêtée par le manque de munitions,
de grenades ou d'artifices, mais que, à la IVe armée
notamment, « les ravitaillements nécessaires ont
toujours été assurés, bien que les consommations
aient fréquemment dépassé les prévisions initiales ».

Passant maintenant aux divers services, on
constate que, du 15 décembre 1916 au 15 avril
1917, il fut expédié aux armées, pour la préparation de la bataille de l'Aisne, 43.776 wagons de
matériel du génie, soit 1.095 trains de 40 wagons,
portant des bois de baraquement, des matériaux de
construction, des rondins, etc. L'organisation des

communications du groupe d'armées de réserve entraîna les constructions de 203 kilomètres de voies ferrées normales (plus 110 kilomètres dans la zone arrière), de 20 kilomètres de voies de 1 mètre, de 280 kilomètres de voies de $0^m 60$, et d'autres voies de déchargement spécialisées par service avec stockage sur la ligne Meaux-Reims. En outre, on dut, pour la double circulation automobile, élargir des routes sur une largeur de 155 kilomètres, et créer 24 kilomètres de chemins neufs. C'est qu'en effet les 752 sections de voitures automobiles mises à la disposition des armées à la date du 15 avril 1917 avaient une puissance de transport de 120.000 hommes, 21.000 blessés, 18.250 tonnes de matériel, 1.680 tonnes de cailloux et 182 tonnes de viande. Sous le rapport de l'alimentation, le groupe d'armées de réserve était, en vue des opérations projetées, doté d'une avance de huit jours de vivres et de trois jours de vivres de réserve, pour un effectif de 40 divisions. Il fallut pour cela 109 trains, dont le dernier arriva à destination avant le 1er avril.

En ce qui concerne le service de santé, on ne peut que déplorer la mesure prise. le 17 janvier, par le ministre de la Guerre, qui crut devoir en supprimer la Direction générale, exercée jusque là par un officier de santé de grade très élevé. Vainement, le commandant en chef fit observer à M. Painlevé que sa décision allait à l'encontre du décret sur le *Service des armées en campagne*, lequel consacre l'existence de cet organe supérieur. Il ne fut point écouté, et ce fait, comme on le verra, entraîna des conséquences funestes. Quoi qu'il en soit, les prévisions relatives aux évacuations et aux hospitalisations avaient été très larges. Ainsi, le seul groupe des armées de réserve disposait de six hôpitaux d'évacuation, chacun de 3.000 lits, et, en plus, de 60.000 places d'hospitalisation. Ces dispositions étaient plus que suffisantes puisque, dans les dix premiers jours de la bataille, on ne compta, dans le groupe en question, que 54.000 blessés. Au surplus, il résulte du rapport établi au nom de la Commission supérieure consultative du service de santé militaire par le professeur Delbet[1] que, si de très regrettables imperfections imputables au manque de direction dont il a été parlé plus haut, sont à relever dans l'exécution du service, et si, malgré le « travail formidable » fourni par les équipes chirurgicales, nombre de grands blessés, surtout dans la Ve armée, n'ont pu être opérés opportunément, du moins la capacité des hôpitaux d'évacuation n'a pas été dépassée, et les difficultés du fonctionnement relèvent surtout d'insuffisances locales. Nous aurons d'ailleurs à revenir sur ce triste sujet.

Arrêtons là cette avalanche de chiffres. Ceux-ci, a-t-on dit parfois, manquent d'élégance. C'est bien

---

1. La commission qui présenta le rapport était composée de MM. les professeurs Quenu, Hartmann, Delbet, et de M. Giraud, député.

possible; mais leur éloquence ne saurait être contestée, surtout quand il s'agit de faire la lumière sur des questions controversées. Or, on a affirmé, et répété, que si l'offensive d'avril avait échoué, c'était faute de préparation suffisante et d'une juste prévision des moyens matériels qu'elle nécessitait. Les précisions qui précèdent, évidemment un peu arides, mais indiscutables et absolument documentaires, suffiront, je pense, à faire rejeter cette excuse et à confondre ceux qui n'ont pas craint de s'en servir.

Date de l'offensive. — Par télégramme en date du 27 mars, le général en chef avait fixé au 8 avril le début des opérations. Les Anglais, sur le front Arras-Vimy, devaient « tirer les premiers ». Les autres attaques se seraient ensuite échelonnées jusqu'au 14. Mais le mauvais temps qui sévissait contrariait le réglage des contre-batteries sur les positions éloignées, surtout devant la VI⁰ armée, dont les observatoires terrestres ne voyaient que les premières lignes ennemies. On se résigna donc à un nouveau délai.

Celui-ci cependant n'était point du goût du maréchal Haig qui, se rencontrant le 5 avril à Montdidier avec le général Nivelle, insista pour que, tout étant prêt, on n'attendît pas plus longtemps. La date fatidique fut alors fixée au 9 pour l'armée anglaise, et au 14 pour nous. Mais voici que la veille de ce dernier jour, le général Mangin, commandant de la VI⁰ armée — celle dont les vues étaient les plus précaires — demanda encore quelque répit [1]. On lui accorda jusqu'au 16, à six heures du matin, après acquiescement de tous les chefs de grandes unités, y compris le maréchal Haig, prévenu télégraphiquement.

Malheureusement, un événement s'était produit entre temps, qui pouvait entraîner des suites funestes. Dans la nuit du 4 au 5 avril, au cours d'attaques partielles exécutées par les Allemands sur le front de la Ve armée, un sous-officier, porteur du plan d'engagement de son bataillon, avait disparu. On s'explique mal comment un document de cette importance, et qui indiquait non seulement le dispositif d'ensemble et l'ordre de bataille général des troupes opérant au nord de l'Aisne, mais même les objectifs assignés aux corps d'armée voisins, pouvait se trouver aux mains d'un militaire aussi peu élevé en grade. S'il n'y a pas là une grave et coupable imprudence, il faut s'en prendre à une déplorable fatalité. Mais passons....

Cependant, et quoique l'ennemi dût être désormais orienté sur les intentions du commandement français, il était trop tard pour bouleverser tous les ordres d'attaque, encore que ce fût là le seul remède radical que comportât la situation nouvelle. Ne croyant pas pouvoir extirper le mal, on se contenta d'y mettre un emplâtre, c'est-à-dire que, sans rien

1. Conférence tenue le 13 au quartier général du groupe d'armées de réserve entre le commandant en chef et les généraux Micheler, Mangin, Mazel et Duchêne.

changer au programme d'ensemble, on adressa aux premières lignes, dès le 8, des indications fausses, au moyen de messages téléphonés, destinés à être interceptés par les Allemands. Reste à savoir si ceux-ci se laissèrent prendre à ce stratagème, qu'ils avaient sans doute pas mal de moyens d'éventer [1].

Au reste, ce ne fut pas la seule fois que se produisirent d'aussi complets manquements aux règles militaires, comme en fait foi la note suivante, adressée le 11 avril à toutes les armées par le haut commandement :

Malgré les prescriptions formelles interdisant d'emporter les documents secrets en première ligne, un chef de bataillon a remis à son commandant d'unités de première ligne un plan d'engagement comprenant la mission du corps d'armée et des corps d'armée voisins, c'est-à-dire de presque toute l'armée, la manœuvre à exécuter par sa division et les divisions voisines.

Le général commandant en chef a infligé au général de division un blâme sévère qui sera mentionné à son dossier du personnel.

L'attention de tous est appelée sur la gravité de cette faute qui, pouvant dévoiler à temps à l'adversaire les grandes lignes de nos attaques, risque de les faire échouer.

La rédaction du plan d'attaque du bataillon ci-dessus visé est manifestement contraire aux prescriptions des deux documents essentiels relatifs au combat des petites unités : Instruction du 8 janvier 1916 sur le combat offensif des petites unités (p. 19); Note

---

1. Voir plus loin, p. 81, les commentaires de l'agence Wolff, 1 vol.

annexe du 27 septembre 1916 (p. 16). Les plans d'engagement ne doivent pas mentionner autre chose que ce qui est visé par ces instructions.

En vue d'assurer la convergence des efforts, *il faut que chacun connaisse la manœuvre*, mais le document écrit ne doit contenir que l'indispensable. Toute autre indication reconnue utile ne doit être donnée que verbalement et avec une stricte mesure. — Signé : NIVELLE.

En somme, il appert de ces incidents divers que le secret nécessaire n'était pas toujours strictement gardé. Mais, dans des agglomérations pareilles, ce sont là, peut-on dire, des accidents presque inévitables. Il est juste d'ajouter que, de notre côté, les renseignements concernant la situation de l'armée allemande abondaient. Ainsi le 11 avril, l'état-major de la VIe armée avait établi comme suit, dans des conditions qui se rapprochaient beaucoup de l'exacte vérité, l'ordre de bataille probable des troupes que cette armée et la Ve avaient à combattre.

Elles avaient devant elles, disait le document en question, douze divisions appartenant à la VIIe armée allemande (général de Heeringen), disposées, entre l'Ailette et le nord de Reims, sur un front de 60 kilomètres, et dont une quarantaine constituaient les secteurs d'attaque [1]. Il était vraisemblable que les réserves partielles de ces douze divisions seraient poussées sur la 2e position, et par

---

1. Toutes ces divisions, ainsi que celles dont il est question plus loin, étaient repérées en numéros et en position.

LIEUT^t-COLONEL ROUSSET.   5

conséquent, qu'aucune d'elles ne pourrait participer à la bataille, après l'enfoncement escompté des deux premières lignes. Mais, ensuite, on entrait dans le domaine des présomptions, et voici comment l'état-major de la VIe armée formulait celles-ci :

On connaît, en arrière du front opposé au groupe d'armées de réserve [1], cinq divisions allemandes susceptibles d'être engagées le jour initial, si le commandement ennemi tient à les employer sur la 3e position. On peut compter également sur l'intervention immédiate des réserves partielles des divisions voisines, soit encore 18 bataillons, c'est-à-dire la valeur de deux divisions.

Ces sept divisions peuvent être employées à défendre la 2e position dont le développement est d'au moins 50 kilomètres, ce qui donne la densité de une division par 7 kilomètres, d'autant plus faible que cette 3e position n'est pas complètement achevée. Elles auraient à la défendre jusqu'à l'arrivée des divisions dont l'ennemi pourrait disposer parmi celles qui sont en arrière du front à l'ouest, à moins qu'elles ne servent simplement à retarder notre progression jusqu'à l'intervention de ces dernières sur une ligne, organisée ou non, située plus en arrière.

Il y a peu de temps, les Allemands disposaient vraisemblablement, sur le front occidental, de 42 divisions. De celles-ci :

Cinq, localisées en arrière du front attaqué par le groupe d'armées du Centre, ont été considérées plus haut comme devant être engagées presque immédiatement sur la 3e position.

---

1. Dont faisaient partie les Ve et VIe armées.

Dix, postées en Lorraine et en Alsace, seraient probablement retenues sur place et ne pourraient commencer à arriver devant nous que six ou huit jours après l'ouverture de l'attaque.

Sept, opposées aux Anglais, avaient été sans doute engagées vers Arras.

Deux enfin, en position au sud-est de Saint-Quentin, y seront probablement retenues par notre III⁰ armée.

Sur les 18 autres, on peut envisager que, proportionnellement aux fronts d'attaque français et anglais, de 4 à 6 iront s'opposer à l'avance britannique, et 12 ou 14 auront à faire face aux Français. En admettant que cette dernière masse soit dirigée tout entière contre le groupe d'armées de réserve, elles ne pourront être amenées à pied d'œuvre à raison de plus de trois par jour (une par voie ferrée), soit en cinq jours. Si elles sont employées à renforcer sur la 3ᵉ position les sept divisions que nous avons supposé devoir la défendre, la densité de celle-ci atteindra, au bout de cinq jours, une division pour 2 k. 300 (semblable à celle qui existait sur la Somme). L'ennemi disposera alors de 21 divisions devant le groupe du Centre.

S'il préfère opérer, sous la protection des sept divisions primitives, le débarquement et la concentration de 14 divisions de renforcement pour les employer sur une ligne située plus en arrière, il ne pourra encore, dans les conditions les plus favorables, les utiliser que le 6ᵉ jour.

Selon les résistances de la 3ᵉ position, ce débarquement pourra s'opérer sur la transversale Sains-Saint-Gobert-Marle-Montcornet, avec déploiement au nord de Laon, et sur la grande ligne de rocade Wassigny-Hirson-Liart ou Mézières, *ce qui laisse grand ouvert le champ des hypothèses stratégiques.*

J'ai tenu à citer cette pièce, malgré sa longueur

et son aridité. Elle montre le soin minutieux avec lequel avaient été envisagées par avance les éventualités à prévoir. Elle fait justice du bruit absurde qui s'est malheureusement répandu au lendemain de la bataille, et suivant lequel l'armée Mangin aurait été jetée au carnage avec une aveugle témérité. Les hauts faits accomplis antérieurement par le brillant officier général ainsi mis en cause, la vigueur, l'énergie calculée et le sens militaire qu'il a déployés depuis en des circonstances mémorables, suffiraient à écarter de sa renommée une imputation aussi odieuse. Mais il est bon que des documents signés de sa main portent témoignage d'une sagesse, d'une prudence, d'une faculté calculatrice qui, sans nuire à la décision ni à la hardiesse, demeurent parmi les plus hautes. Faut-il donner encore une preuve de ces qualités si précieuses chez un conducteur d'hommes? Interrogé le 21 mars, par le commandant du groupe d'armées de réserve, sur les conséquences que le recul de l'ennemi pouvait avoir, tant sur la situation de la VIe armée que sur l'offensive en préparation, Mangin, après avoir examiné la situation dans son ensemble, répondait, le 11 mars : « La retraite de l'ennemi favorise notre offensive pendant la bataille de rupture, en nous donnant des positions qui permettent de prendre en enfilade la ligne Hindenburg face à l'Aisne, et d'attaquer dans de bonnes conditions le saillant que forme cette ligne au moulin de Laffaux. A condition toutefois

que le XXXVIIe corps d'armée[1] soit renforcé de deux
divisions actives nécessaires à la protection de son
artillerie et à son offensive ultérieure. » Et il ajoutait : « Cette condition remplie, la position nouvelle est favorable à la rupture du front ennemi.
Elle est également favorable à l'exploitation du succès, à condition que la position Hindenbourg soit
vivement pressée et même attaquée sur plusieurs
points, et que l'attaque anglaise précède de six
ou sept jours celle du groupe d'armées de réserve.
*Si ces deux conditions n'étaient pas remplies, le
débouché des VIe et X[e] armées ne présenterait que
peu de chances de succès.* » Quelle que soit l'opinion qu'on puisse avoir sur la manœuvre projetée,
on conviendra que l'homme qui en dégageait les
probabilités avec cette assurance, était tout autre
chose, dans la bataille, qu'un instrument plus ou
moins aveugle, ou un simple entraîneur de soldats.

1. Le XXXVIIe corps, posté à gauche, était celui qui couvrait
les groupes d'artillerie primitivement destinés à assurer le débouché de Soissons et à favoriser l'avance d'un autre corps, le VIe,
vers le moulin de Laffaux. Il devait ensuite se porter contre le
front Laffaux-Vauxaillon et, éventuellement, opérer une diver-
sion vers Bassoles-Brancourt.

CHAPITRE III

L'EXÉCUTION

Le 15 avril au soir, l'ordre du jour suivant, d'une sobriété si éloquente, était communiqué à toutes les troupes :

Aux officiers, sous-officiers et soldats des armées françaises :
L'heure est venue. Confiance, courage et vive la France ! — Signé : NIVELLE.

Journée du 16 avril. — Le lendemain, à six heures du matin, après une préparation d'artillerie qui avait duré plusieurs jours[1], les Ve et VIe armées (groupe Micheler) se lançaient à l'attaque par un temps pluvieux, sans être d'abord très gênées par les tirs de barrage ennemis[2]. Leur élan était magnifique et semblait irrésistible. Dès huit heures, les troupes du général Mazel[3] étaient

1. Les premiers prisonniers allemands, interrogés par la IVe armée, déclaraient que les effets de notre artillerie de tranchée étaient plus impressionnants que le bombardement lui-même. La réaction de l'artillerie allemande n'était point comparable à notre action.
2. « Les barrages se sont montrés en général tardifs et désordonnés », dit un message téléphoné de la Ve armée.
3. Ve armée.

maîtresses de toute la première ligne ennemie, qu'elles dépassaient même de trois kilomètres en deux points.

Elles avaient enlevé le Champ-du-Seigneur, la Grande-Navière, la Grande-Tournière et Berméricourt. La deuxième position allemande était entamée sur un front de quatre kilomètres, vers Juvincourt. Par contre, leur attaque avait échoué devant les hauteurs de Craonne, et elles n'avaient pu déboucher de la crête de Sapigneul. Le mont Spin, pris et repris, était le théâtre d'une lutte acharnée.

De huit heures à midi, les progrès se trouvèrent fort ralentis par le feu de très nombreuses mitrailleuses échelonnées d'avance en profondeur, et par de violentes contre-attaques. Au sud de l'Aisne, la situation demeurait sans changement au mont Spin et à Sapigneul. Au nord, la position de Craonne restait inabordable et même nos troupes devaient reculer jusqu'au Bastion de Chevreux. Elles progressaient cependant, mais lentement, vers Juvincourt, et commençaient à envelopper le bois des Boches ainsi que la Ville-aux-Bois. En somme, la ligne semblait se cristalliser.

Deux groupes de chars d'assaut avaient appuyé l'attaque de la IIIe armée. Malheureusement ces engins, qui restaient encore loin de la perfection acquise depuis, étaient alors, d'une manière générale, trop facilement inflammables, trop vulnérables et presque aveugles [1]. L'un des groupes rendit à la

1. Observations présentées par le commandement (3 août 1917).

vérité d'assez importants services, même sur la deuxième position ennemie. L'autre ne put franchir la première, dont les tranchées étaient trop larges. Il serait injuste toutefois de négliger leur action, à l'un et à l'autre, car en faisant le vide devant eux, ils brisèrent certaines contre-attaques, infligèrent à l'ennemi des pertes sensibles et permirent à l'infanterie qui les avoisinait de garder le terrain qu'elle avait conquis [1].

Passons maintenant aux autres armées. Le VI⁴ (général Mangin) avait, à 7 h. 45, franchi le Chemin des Dames et pénétré dans le ravin d'Ailles. Elle occupait le bois Brouze, livrait un violent combat dans celui du Paradis, progressait un moment jusqu'à l'ancienne carrière souterraine située au sud de la Cour-Soupir, mais devait bientôt reculer sur ce point. Elle avait attaqué Chavonne, enlevé le mont des Singes et le plateau de la ferme Molay, pris, dépassé, puis abandonné Laffaux. Elle avançait lentement dans un terrain chaudement disputé. A quatre heures du soir, elle s'arrêtait et s'installait sur les positions conquises. Elle avait fait, dans cette journée, 2.000 prisonniers et capturé un assez copieux matériel.

D'après l'ordre général, la X⁴ armée formait une masse destinée à déboucher au delà de la brèche

---

1. Note (même date) fournie par le 3⁴ bureau du grand quartier général. La consommation des munitions faite à courte distance par l'artillerie d'assaut fut, dans cette journée, de 45.000 cartouches de mitrailleuses et de 300 obus de 75.

pratiquée dans le front ennemi « pour exploiter la rupture ». A 8 heures du matin, ses corps de tête franchissaient l'Aisne. Mais la situation ne paraissant pas assez nette, ce mouvement fut arrêté un peu plus tard.

Journée du 17 avril. — Temps très mauvais, qui rend extrêmement difficile, sinon impossible, la préparation d'artillerie. A la V⁰ armée, on ajourne les opérations entre Miette et Aisne, mais on poursuit l'attaque du plateau de Californie et on occupe la Tranche-du-Balcon, au nord-ouest de Craonne. On s'empare des ouvrages dits de Hanovre et de Cologne. On progresse légèrement à l'est du bois des Boches. Enfin une contre-attaque dirigée contre la brigade russe, qui opère sur la gauche, est repoussée vigoureusement.

La VI⁰ armée, assaillie pendant la nuit, a dû abandonner le Mont des Singes et le plateau de la ferme Molay. Mais, dans la matinée, elle avance jusqu'à la ferme des Crinons, aux abords de la Cour-Soupir, dont les carrières sont réoccupées, vers les lisières nord et nord-est du bois de la Bovette, au nord-est du bois des Gouttes-d'Or, jusqu'à un kilomètre au sud de Braye-en-Laonnois. Simultanément, la IV⁰ armée (groupe d'armées du Centre) commandée par le général Anthoine, avait à son tour passé à l'attaque. A sept heures, elle tenait les pentes sud du mont Blond, du Marteau, du mont sans Nom, la tranchée dite de Bethmann-Holweg, et mordait dans la deuxième position allemande. A 9 heures 30, elle s'emparait du mont Blond : malgré la furieuse résistance opposée par l'ennemi, elle avait fait 2.500 prisonniers.

Changements d'objectifs. — Cependant, les choses ne se présentaient pas absolument comme on les avait préjugées. La résistance très énergique de l'ennemi, particulièrement sur le front de la VIe armée, semblait devoir rendre difficiles et coûteux nos progrès directs vers le nord. En conséquence, dans la nuit du 17 au 18, le commandant en chef donnait l'ordre de consolider la conquête des hauteurs au sud de l'Ailette, mais de porter vers le nord-est l'axe de l'effort à venir, en partant de la base assurée par la position actuelle de la Ve armée. Et voici les ordres qui s'en suivirent :

La Ve armée devra : 1° enlever la gauche du plateau de Craonne, élargir sa base de départ en occupant la ligne des crêtes entre Aisne et Ailette (qui passe au nord-ouest de Chevreux, au nord-ouest de Corbeny, par le ruisseau de la ferme Fayoux, Juvincourt, tranchée de Wurtzbourg jusqu'à l'Aisne), d'où partirait ultérieurement l'attaque visant le débouché sur le front Vieux-Laon-Neufchâtel ; 2° achever la conquête de la ligne de crêtes de la rive gauche de la Suippe, entre Aisne et Brimont, pour servir de base de départ en vue d'opérations combinées avec la IVe armée.

La VIe armée est chargée : 1° de couvrir à gauche l'offensive principale ; 2° de compléter la conquête des hauteurs au sud de l'Ailette, à l'est de la ferme Froidmont, entre ce point et Chavonne, afin d'assurer notre établissement au nord de l'Aisne et d'enlever à l'ennemi ses observatoires sur la rivière.

En même temps, le commandant en chef mettait à la disposition du général Pétain, commandant le groupe des armées du Centre, un corps d'armée, le Xe (à trois divisions), pour exploiter, le cas échéant, les avances réalisées par la IVe armée[1]. Les bénéfices assurés par l'ampleur initiale donnée au front d'attaque, laquelle permettait la plus large articulation des forces, apparaissent ici pour la première fois. Non seulement, ce changement d'orientation de l'attaque, nécessité par les circonstances, devient possible, mais des variantes peuvent être apportées à l'ordre de bataille, avec rapidité et suivant les besoins du moment.

Ce même jour, 17 avril, le général Mangin avait adressé à ses commandants de corps d'armée une note qu'il est intéressant de reproduire, parce que, tout en constatant les faits acquis, elle laisse percer une certaine déception et indique les mesures à prendre pour n'en point subir de nouvelles.

Les résultats de la journée du 16 avril, est-il dit, pour brillants et solides qu'ils soient, ne correspondent ni à la préparation d'artillerie qui a maîtrisé l'ennemi, ni à l'élan des troupes, qui a été admirable. Il est dès maintenant possible de discerner les causes qui ont limité notre progression, et d'y remédier.

Le principal obstacle est le grand nombre de mitrailleuses qui se sont révélées pendant l'attaque et dont le tir n'a commencé qu'après le départ, et même, parfois, dans le dos de nos hommes qui les avaient dépassées

---

1. Télégramme chiffré du 17 avril.

sans les voir. Quelques-unes de ces mitrailleuses étaient dans des abris casematés ou sortaient des *creutes* [1], mais la grande majorité était installée en plein champ, hors des tranchées, dans les trous d'obus ou des trous de tirailleurs sommairement aménagés.

Les mitrailleuses sous abri doivent être soigneusement repérées et battues par les procédés habituels. Elles sont liées aux diverses lignes de défense qui sont repérées par nos plans directeurs. Mais les emplacements de fortune occupés au dernier moment et selon les péripéties du combat sont beaucoup plus difficiles à réduire, ainsi que l'ont prouvé les expériences antérieures.

En conséquence, le commandant de la VIe armée donnait à ses subordonnés des instructions tactiques minutieuses et concrètes, que nous nous abstenons de reproduire en raison de leur technicité, mais dont le moins qu'on puisse dire est qu'elles étaient marquées au sceau d'une vigilance avisée et experte. Il recommandait au commandement, à tous les degrés, de soigner plus que jamais tous les détails de la préparation et aux exécutants de ne point craindre les actes d'initiative. Enfin il insistait, comme conclusion, sur la nécessité de soutenir mieux que jamais les éléments avancés qui, « faute d'être appuyés, subissent de grandes pertes, et doivent évacuer le terrain chèrement gagné ».

Il est permis maintenant de dire que si des

---

1. On désigne sous ce nom, dans tout le Laonnois, des grottes plus ou moins profondes que l'extraction de la pierre ou les érosions ont creusées au flanc des coteaux rocheux.

fautes avaient été commises dans l'ordre d'idées qui vient d'être indiqué, ce n'était pas par manque de renseignements sur la valeur des forces et les procédés de l'ennemi. Dès le 9 avril, l'état-major de la VIe armée avait en effet dressé un tableau détaillé des forces allemandes que le repli précédemment effectué donnait à combattre, et conclu à une augmentation de densité moyenne de 50 %, qui, sur la charnière restée fixe, c'est-à-dire du côté de Vailly, atteignait 75 %, et même 100 % à l'est de ce village. Le renforcement en artillerie n'était pas moins considérable. Il allait, en certains points, du simple ou double, avec une proportion de gros calibres se montant à 29 %.

On constatait ensuite que l'aviation allemande, assez calme jusqu'à présent, se montrait maintenant extrêmement active et procédait par grosses masses. On évaluait sa force au moins à dix escadrilles, rien que sur le front de la VIe armée. En outre, huit *drachen*, au lieu de quatre, avaient été repérés. Quant à l'organisation défensive, qui avait été puissamment consolidée et amplifiée, elle comprenait trois lignes successives, dont la dernière, il est vrai, n'était pas terminée.

L'importance des travaux effectués par l'ennemi, concluait-on, le renforcement notable constitué en divisions, artillerie, aviation, les déclarations récentes des prisonniers et déserteurs permettent de conclure que l'ennemi est décidé à résister énergiquement s'il est attaqué. Il semble, d'après toutes les constatations faites depuis la bataille de la Somme, et les dernières prescriptions du grand quartier général allemand, que l'occupation de la première position sera assurée, dans chaque division d'infanterie, par deux bataillons de chacun des deux régiments en ligne, le 3e bataillon défendant la deuxième position, tandis que le 3e régiment garnira la troisième position. Ce dispositif en profondeur doit être envisagé comme très probable. Il pourra même être renforcé par l'entrée en ligne d'éléments de divisions en réserve à l'arrière du front.

Il faut aussi tenir compte de ce fait que *de nombreuses mitrailleuses seront disséminées sur des emplacements favorables, en dehors des tranchées*, et que l'armement des unités d'infanterie allemande comprend presque généralement des fusils-mitrailleurs.

Journée du 18 avril. — Toutes ces constatations et prévisions étaient exactes. Elles montrent que, quoi qu'on en ait pu dire, personne n'a été pris au dépourvu. Constatons-le une fois pour toutes, et revenons maintenant aux opérations.

Devant la Ve armée, on relève, pendant la nuit du 17 au 18, des actions violentes de l'artillerie allemande, entre autres au bastion de Chevreux et au sud de l'Aisne. Au matin, nos troupes achèvent l'encerclement et la prise de la Ville-aux-Bois et du bois des Boches. Elles font 1.300 prisonniers et s'emparent d'un important matériel. Un peu plus tard, elles progressent de 500 mètres à l'est de la Musette et atteignent la voie ferrée entre Courcy et Loivre. A l'est de Courcy, la brigade russe enlève un gros ouvrage ennemi. Sur le front Miette-Aisne, une grosse contre-attaque de deux divisions allemandes est brisée. Enfin, on fait encore 1.600 prisonniers, et l'on capture 21 canons lourds de campagne, plus trois canons de 150, qui sont immédiatement retournés contre l'ennemi.

Pendant ce temps, *la VIe armée* a avancé au nord des bois de la Bovette, enlevé la carrière Coblentz et la Cour-Soupir, occupé l'entrée sud du tunnel du canal, et l'éperon à l'est de Braye-en-Laonnois, d'Ostel et de Vailly. Sur tous les points, l'ennemi bat précipitamment en retraite et incendie les villages qu'il est obligé d'évacuer : Vailly, Aizy, Saucy, Jouy, la ferme Rochefort. 300 prisonniers appartenant à sept régiments différents sont tombés entre les mains d'une seule de nos unités. Pendant la nuit, nous abandonnons Nanteuil-la-Fosse, un moment occupé, et une reconnaissance fait connaître que le fort de Condé est vide de défenseurs.

Enfin, *la IVe armée*, après avoir réduit quelques îlots de résistance, se lance à l'attaque des hauteurs de Moronvillers.

Journée du 19 avril. — Elle n'est marquée, à *la Ve armée*, que par des affaires secondaires. Des tentatives faites sur Craonne, le mont Sapigneul et le mont Spin échouent, mais, entre ce dernier point et Berméricourt, des progrès assez sensibles sont effectués.

La *VIe armée* s'empare d'Aizy, de Jouy, de la

ferme Colombe, de Laffaux et des tranchées de l'Épée et du Harpon. Des éléments avancés sont poussés sur le plateau au nord-ouest de Celles-sur-Aisne. On enlève le monument d'Hurtebise et on livre un violent combat dont l'occupation de la sucrerie de Cerny est l'enjeu.

De son côté, la IVᵉ armée a, vers six heures, occupé le mont Blanc et le Téton, puis progressé dans la direction du Casque et atteint le bois au nord du Mont-sans-nom. Le village d'Auberive est entièrement occupé ainsi que les tranchées entre lui et le bois Noir.

Journées des 20, 21 et 22 avril. — La Vᵉ armée a échoué dans l'attaque du bois de Chevreux. *La VIᵉ* a, pendant la nuit du 19 au 20, avancé vers le Chemin des Dames, poussé certains de ses éléments au nord des fermes des Certeaux et des Gerbeaux, et achevé l'occupation de la ferme Colombe. Elle brise de fortes contre-attaques entre la voie ferrée et l'Ailette. Elle enlève les tranchées du Cormoran et du Tertre. Dans l'après-midi du 20, elle occupe la ferme Hameret, Nanteuil-la-Fosse, la ferme Volvreux et Sancy. Elle refoule l'adversaire, qui a énergiquement réagi sur le front Poteau d'Ailles-Hurtebise. Quant à la *IVᵉ armée*, elle a été, au cours de la nuit précédente, assaillie furieusement, après bombardements intenses, sur ses positions de la région de Moronvillers. Mais elle est restée maîtresse de ses conquêtes au bois de la Grille, sur les pentes orientales du mont Haut, ainsi qu'autour du bois situé à l'ouest de Vaudelaincourt. Par contre, elle a quelque peu fléchi sur le Téton.

Le lendemain 21 et dans la matinée du 22, *la VIe armée*, maintenant ses progrès vers le Chemin des Dames, atteint le Mont-sans-pain, le mont des Boches et les carrières souterraines au nord de la ferme Hameret. Elle gagne un peu de terrain au nord de la tranchée du Harpon, ainsi qu'au delà de l'ancienne carrière au nord de Nanteuil-la-Fosse. Enfin elle occupe les Colets.

Situation au 21 avril. — D'une façon générale, on peut dire que, le 21 avril au soir, l'ennemi, après avoir paru décidé à tenir ferme devant la Ve armée, s'était complètement replié sur la ligne Siegfried. Notre situation au nord de l'Aisne se trouvait ainsi consolidée. Mais, d'autre part, les attaques tentées pour s'emparer des hauteurs au nord de Craonne et de la ligne des crêtes Mont-Sapigneul-Mont-Spin étant restées infructueuses, nous risquions d'être pris de flanc en poursuivant la marche vers le Nord-Est. C'est d'ailleurs ce que l'état-major allemand laissait entendre dans la note suivante, communiquée par l'agence Wolff :

Il ressort d'ordres français recueillis sur des prisonniers et complétés par les déclarations de ces derniers, que les Français avaient établi un vaste plan de rupture de notre front. Celui-ci devait être enfoncé le 16 avril sur l'Aisne. Ce même jour, le XXXIIe corps devait pousser des deux côtés de l'Aisne, sur une profondeur de

12 kilomètres, jusqu'à Brienne-Prouvain. La 37e division devait s'avancer immédiatement plus au sud jnsqu'à la Suippe, puis tourner vers l'Est, pendant que la 14e division emporterait le bloc de Brimont. L'intention stratégique était de repousser les troupes allemandes du secteur au sud de l'Aisne, dans la direction de l'Est, par un vigoureux assaut, pour les pousser dans les bras des troupes françaises qui devaient percer le 17 avril dans la Champagne, vers Auberive-Moronvillers [1].

On n'avait pas prévu d'attaque sur le secteur du front allemand, long de 20 kilomètres, qui s'étend à l'est de Reims, de Bétheny à Prunay. Ce secteur devait être tourné par une avance de Brimont vers l'Est, et une offensive d'Auberive vers le Nord, exécutées les 16 et 17 avril. Mais ce mouvement tournant ne pouvait réussir que si les troupes d'assaut françaises à l'est de Brimont atteignaient dès le 16 avril, c'est-à-dire le premier jour de l'offensive, les lignes désignées. En étroite corrélation avec les opérations au sud de l'Aisne, le commandement français avait prévu des opérations au nord de la rivière, sur la ligne Braye-Cerny-Craonne. Là, les Français devaient s'avancer, ayant comme centre le XXe corps, sur une profondeur de 12 kilomètres, dans le pays accidenté et boisé qui s'étend au sud-est de Laon, afin de prendre à revers la nouvelle position Siegfried.

L'armée de poursuite devait passer ensuite par les larges brèches opérées sur ce front de 80 kilomètres à travers les lignes allemandes détruites. L'idée maîtresse de ces projets constitue un plan bien étudié,

---

1. On voit avec quelle précision l'ennemi était documenté, grâce à l'imprudence commise en laissant les ordres de mouvements généraux s'égarer en première ligne, imprudence dont il a été parlé plus haut (p. 63 et 64).

mais qui n'avait de chances de succès que si les troupes
d'assaut atteignaient la profondeur désirée pendant le
premier jour ou au plus tard pendant le second jour
d'assaut. Si, au contraire, les opérations ne pouvaient pas
être menées rapidement, l'affaire était manquée. Aujour-
d'hui, après une série de sanglantes batailles ayant duré
plusieurs jours, les audacieuses tentatives du général
Nivelle ont échoué.

Il y avait assurément un certain fond de vérité
dans ce tableau de la bataille brossé par les Allemands. Le général en chef l'avait dit lui-même :
pour que l'affaire réussît, il fallait la mener très
rondement et que la rupture fût à la fois immédiate, générale et brutale. Or, après sept jours de
lutte, la brèche par laquelle on devait passer n'était
point encore pratiquée, et la continuation du mouvement vers le Nord-Est devenait périlleuse, notre
flanc droit risquant de se trouver à découvert[1]. Il y
avait donc là matière à réflexions. Mais fallait-il, en
adoptant les conclusions péjoratives de la note
allemande, arrêter la manœuvre et, content des
quelques résultats obtenus — il y en avait assurément d'appréciables — laisser les choses en l'état?
Le général Nivelle était d'un avis tout autre et,
comme on le verra tout à l'heure, le maréchal
Haig partageait sa manière de voir. Des ordres
furent donc donnés pour que l'attaque fût reprise
dans le plus court délai.

---

1. Le général commandant le groupe d'armées de réserve au
général en chef (21 avril).

L'action britannique. — On se rappelle que le plan général d'opérations chargeait les Anglais d'entrer en lice les premiers. Le 9 avril, ils avaient brillamment enlevé la crête de Vimy, enfonçant les lignes allemandes sur une profondeur de 6 kilomètres. Mais depuis, ils rencontraient une résistance incoercible, que l'ennemi leur opposait afin de se donner le temps d'organiser des positions de repli sur le front Quéant-Brocourt.

Le 21 au soir, le général en chef faisait parvenir la note suivante au général Wilson, chef de la mission militaire anglaise au grand quartier général :

Aucun arrêt des opérations n'est à envisager. Elles seront reprises à des dates très rapprochées. *Rôle des armées britanniques* : Profiter des opérations engagées sur le front français pour augmenter l'ampleur des attaques et viser des objectifs plus éloignés. La collaboration anglaise à notre offensive commune ne sera en effet réellement efficace que si son action s'exerce sur une profondeur suffisante pour menacer sérieusement l'adversaire et l'obliger à engager des réserves importantes. — Prononcer l'effort principal dans la région sud et sud-est de Quéant, de manière à faire tomber par une attaque de revers la ligne Quéant-Drocourt et à pouvoir progresser sans retard en direction de Cambrai et Douai.

Deux jours plus tard, le 23, les instructions suivantes étaient envoyées aux armées, après entretiens avec les généraux commandant les deux groupes intéressés et la IV⁰ armée :

Le but des opérations est : 1° de dégager Reims par une attaque combinée des IVe et V^e armées :

a) La Ve armée est chargée d'enlever les hauteurs de Sapigneul, du mont Spin et de Brimont ;

b) La IVe dégagera vers le nord et le nord-ouest les sommets conquis des hauteurs de Moronvillers ;

2° de compléter l'occupation du plateau du Chemin des Dames, par une opération combinée des VIe et X^e armées.

c) La Xe armée devra s'emparer de la crête militaire [1] septentrionale et orientale des plateaux de Craonne, Californie et Vauclerc, ainsi que des avancées de cette crête jusqu'aux entrées des abris. Elle enlèvera ensuite la première position allemande entre le boyau Persan et le bois de Chevreux, en étendant l'attaque jusqu'à la conquête de la ligne générale Tranchée du Marteau et de l'Enclume, de manière à avoir une base de départ ultérieure pour l'attaque du front Corbény-Juvincourt.

b) La VIe armée prononcera une action sur l'ensemble du Chemin des Dames.

Difficultés intérieures. L'affaire de Brimont. — En réalité, le plan primitif subsistait dans son entier, mitigé seulement par quelques variantes qu'exigeaient les circonstances. La poussée allait maintenant se faire vers le Nord-Est, en développant davantage les attaques de droite afin de couvrir le flanc menacé, et en demandant aux Anglais une coopération plus large, de façon à attirer devant eux une bonne partie des réserves

---

1. On nomme crête militaire la ligne intermédiaire entre le sommet et la base d'une hauteur, d'où il est possible de battre l'angle mort.

ennemies. Le général en chef, complètement d'accord avec le maréchal Haig, croyait ses espoirs parfaitement réalisables encore. Malheureusement, des circonstances extérieures à l'action militaire et auxquelles on était loin de s'attendre, allaient très fâcheusement influencer celle-ci.

Dès le soir de la première attaque, et plus encore le lendemain, des rumeurs extrêmement pessimistes, et d'ailleurs parfaitement mal fondées, s'étaient répandues dans Paris, propagées, à n'en pas douter, par les agents de l'Allemagne, agissant de pair avec ceux d'un clan pacifiste qui se démenait furieusement. On assurait que nos attaques, après avoir coûté des pertes formidables, sur lesquelles on donnait, à bouche que veux-tu, des détails absolument fantaisistes, avaient toutes été brisées[1]. Des gens se prétendant informés de première main, racontaient que le gouvernement allait intervenir pour arrêter l'effusion de sang, et désavouer les généraux coupables d'en avoir fait verser tant de flots en pure perte. A les entendre, nous avions essuyé une défaite absolue, et tellement coûteuse que nous devions en rester paralysés pour longtemps, sinon même pour toujours. Ces bruits sinistres, sur la nature desquels je reviendrai un peu plus loin, se propageaient avec une rapidité et une enflure telles que nos alliés commençaient à en être émus.

1. On verra par la suite le chiffre exact de tués, blessés ou disparus, et qu'il ne dépassait pas la proportion normale afférente aux résultats acquis.

Le 18 avril, le général Morris, chef d'état-major de l'armée britannique, informait le maréchal Haig que, d'un entretien avec M. Albert Thomas, ministre de l'armement, il emportait l'impression que le Cabinet de guerre français était résolu à ne point laisser s'éterniser la lutte, dès l'instant que ces prémisses ne donneraient pas des assurances formelles de succès. Et il demandait à son chef de vouloir bien formuler son avis sur les conséquences de cette décision, si elle devait intervenir. Le maréchal répondit qu'elle serait très contraire à la sagesse, *would be most unwise*. Les bénéfices déjà acquis par l'offensive en cours étaient grands, disait-il. La puissance de résistance de l'ennemi se trouvait affaiblie. « Il serait insensé (*untsund*) et probablement pour longtemps plus coûteux en hommes et en argent de cesser les opérations offensives à une date rapprochée. »

Le général Nivelle de son côté, n'avait rencontré, soit de la part du ministre de la guerre soit de celle des membres du gouvernement avec qui il s'était trouvé à Paris ou sur le front, aucune objection à la poursuite de son entreprise. M. Lloyd George, qu'il vit le 20 avril, ne se montra pas davantage hostile à celle-ci. Il était d'avis, au contraire, que, lorsque le moment paraîtrait opportun, les Comités de guerre anglais et français se réunissent à nouveau pour décider s'il n'y aurait pas lieu de développer l'offensive en l'étendant à la côte belge, opération à laquelle les Anglais songeaient toujours. Quant à M. Painlevé, s'il s'abstenait soigneusement de toute immixtion directe dans la conduite des opérations, il n'en montrait pas moins sur leurs chances de succès plus que de la réserve. C'est ainsi qu'assistant le 22 avril à un entretien du général en chef avec les généraux Mazel et Micheler — au cours duquel le premier avait questionné le commandant de la Ve armée sur ses besoins en artillerie et en munitions ainsi que sur l'état d'avancement de sa préparation en vue de l'attaque projetée sur le front Berry-au-Bac-Reims — le ministre de la guerre n'avait pu cacher son sentiment sur ce qu'il appelait « le désarroi du haut commandement ».

Il n'y avait point, à proprement parler, de désarroi, mais seulement de l'inquiétude et du malaise. L'inclémence persistante du temps exerçait une fâcheuse influence sur les nerfs des soldats, aux yeux de qui on avait peut-être trop fait luire la perspective d'une victoire immédiate, tandis qu'on se trouvait en réalité engagé dans une lutte pénible et prolongée, celle précisément que le général en chef eût voulu éviter. La confiance, à tous les degrés de l'échelle, avait cessé d'être entière. On combattait dans un terrain difficile, tourmenté, où la défense disposait d'abris naturels échappant aux effets destructeurs de notre artillerie et qui constituaient de véritables nids de mitrailleuses. On avait à briser d'incessantes contre-attaques. Enfin, les procédés tactiques adoptés ne répondaient pas partout aux conditions intrinsèques et successives du combat.

Le système qui consiste à fixer le développement de la bataille par « horaires réglés » ne s'appliquait qu'assez mal à une lutte embrassant 80 kilomètres de front et une profondeur s'étendant au delà de la zone fortifiée de l'ennemi. Il aboutissait au décousu, chaque unité suivant aussi exactement que possible le programme qui lui avait été tracé sans se préoccuper suffisamment de ses voisines, de sorte que l'on voyait se produire nombre de combats en pointe, bientôt suivis de reculs regrettables, comme ceux que nous avons signalés plus haut. De même, le tir de l'artillerie, minutieusement réglé d'avance jusqu'à l'extrême portée des pièces, s'effectuait sans tenir compte de certains incidents dont les officiers chargés de la conduite du feu ne se préoccupaient pas, et que même parfois ils ignorèrent. De là cette conséquence que, lorsqu'une vague d'assaut était obligée de stopper par suite d'une circonstance quelconque, le barrage roulant, prenant trop d'avance sur elle, la laissait en butte aux mitrailleuses qui, libérées de toute crainte, apparaissaient, comme il a été dit plus haut, en terrain découvert.

Enfin, il est malheureusement trop certain que le secret avait été mal gardé. Tenir jusqu'au bout sous le boisseau l'énorme liasse d'ordres et d'instructions diverses que nécessite la préparation d'une opération de pareille envergure est chose assurément très difficile, pour ne pas dire impossible. Le seul remède — et il est impraticable — serait de s'en tenir exclusivement aux ordres verbaux. Avec les déplorables habitudes prises par certains, il eût même été probablement inopérant. On a vu plus haut que d'inqualifiables légèretés avaient été commises. Elles comptent à peine, à côté de la verbosité, parlée ou écrite, de nombre d'officiers, qui ne se gênaient guère pour vider le fond de leur sac en faveur de parents, d'amis, de journalistes et surtout de parlementaires. Parmi ces derniers, il en était qui, mobilisés ou non, faisaient constamment la navette entre le front et l'arrière, et, dans une très bonne intention sans doute, rapportaient à leurs collègues ou aux membres du gouvernement des renseignements assurément sincères, mais fragmentaires, unilatéraux, et dont le défaut capital était de manquer d'un contrôle suffisant.

Ces circonstances diverses justifiaient, et au delà, l'espèce de trouble qui s'était emparé des esprits. Il avait tellement gagné les hautes sphères que, le 23 avril, le président de la République faisait part au général en chef, par message téléphoné, des scrupules qui l'agitaient. Il était prévenu *par les exécutants*, disait-il, que la reprise des attaques sur Craonne et le plateau de Vauclerc était tout à fait prématurée et impossible à la date fixée. Il ajoutait que la préparation d'artillerie serait très insuffisante et que la dotation du corps d'armée chargé de l'opération était trop faible. Or, les chefs d'unité intéressés déclaraient sur l'honneur qu'ils n'avaient jamais donné ou reçu aucun ordre concernant la date de l'opération, ni fait aucune plainte au sujet de l'insuffisance des munitions, leurs demandes ayant toujours été satisfaites à cet égard. Cette intervention, toute amicale et non officielle du chef de l'État, pouvait paraître naturelle. Mais il n'en était pas de même du rôle joué par ceux qui l'avaient plus ou moins exactement renseigné. C'est donc avec raison que le général en chef se déclarait douloureusement surpris de ce que « des racontars nullement autorisés et sans aucun fondement trouvassent créance auprès du président ». Il ajoutait que le commandement, dans des conditions pareilles, devenait impossible et il demandait des sanctions exemplaires contre *les exécutants*, quels qu'ils fussent, qui s'étaient livrés à ces écarts de langage, exclusifs de toute discipline dans l'armée.

Les choses en étaient là quand, deux jours après, c'est-à-dire le 25, le général Nivelle fut mandé à l'Elysée. Là, devant le chef de l'État, le président du conseil et le ministre de la guerre, il fit un exposé des nouvelles offensives en préparation. Mais à peine eut-il parlé d'attaquer derechef les hauteurs du mont Spin, de Sapigneul et de Brimont, que M. Painlevé l'interrompit :

« On m'a dit que Brimont tout seul coûterait 60.000 hommes, s'écria-t-il.

— Qui, *on* ? riposta le général. Les renseignements n'ont de valeur que s'ils viennent d'une source autorisée.

— Les miens ont une source très sérieuse, fit M. Painlevé, mais je ne peux pas vous l'indiquer. »

Quoi qu'on pût penser, le malentendu était manifeste. En effet, on a su depuis, par le ministre lui-même, que son informateur était le général Mazel, commandant de la Ve armée. Or, celui-ci, quelques jours plus tard, s'en expliqua très nettement. « Le ministre m'a demandé, sans me donner les raisons de cette demande, écrivait-il, quels effectifs étaient nécessaires pour l'affaire projetée au sud de l'Aisne. J'ai répondu : un corps d'armée sur Brimont, un autre sur le mont Spin, cela fait, en gros, 60.000 hommes. Je n'ai jamais pu vouloir dire que les pertes seraient de 60.000 hommes, ce qui est évidemment impossible [1]. » Et voilà la preuve surabondante des inconvénients qu'entraîne l'ingérence trop directe d'un membre du gouvernement dans les opérations, fût-ce du ministre de la guerre lui-même qu'il s'agît [2].

La conversation ayant repris, M. Painlevé demanda si l'on pourrait détacher l'attaque du

1. Lettre du général Mazel au général Micheler, en date du 1er mai 1917.
2. « Je suis d'avis qu'un commandant d'armée, recevant officiellement le ministre, membre du comité de guerre, *a le devoir* de répondre à ses questions », disait le général Mazel. Et il ajoutait : « J'ai passé plusieurs heures à piloter M. Painlevé. » (*Ibid.*)

massif et du fort de Brimont de l'ensemble de la bataille Sapigneul-Spin-Brimont, et remettre cette attaque à une date ultérieure. « Je ne peux répondre *ex abrupto* à la question, dit alors le général en chef. Mais j'enverrai dès demain à cet égard des renseignements précis. » Après quoi, il prit congé, en insistant sur ce fait qu'on ne pouvait porter encore un jugement définitif sur les résultats d'une bataille de cette importance. « A mesure que le temps passera, conclut-il, vous verrez ces résultats se développer. »

Avait-il fait pénétrer sa conviction dans l'âme de ses interlocuteurs ? C'est douteux. Toujours est-il que ceux-ci — j'entends le président du conseil et le ministre de la guerre — crurent devoir s'éclairer des avis du maréchal Haig et le mandèrent à Paris dès le lendemain 26. Ils lui exposèrent que le chiffre des pertes depuis le 16 avril avait été très élevé (25.000 tués, 95.000 blessés) [1], et que nos dernières disponibilités étaient fortement entamées. Devait-on, dans ces conditions, continuer la lutte ?

Le maréchal démontra, pièces en mains, que les armées britanniques et françaises — celles-ci surtout — retenaient devant elles et usaient rapidement les plus considérables et les meilleures des

---

1. Les ministres tablaient sur les premiers renseignements reçus, lesquels, ainsi qu'on le verra par la suite, étaient complètement inexacts. En réalité, les chiffres qu'ils donnaient étaient majorés de 10.000 hommes pour les tués, et de 40.000 pour les blessés.

forces ennemies ; que le nombre des divisions alle-
mandés encore fraîches *n'excédait pas douze,*
chiffre notablement inférieur aux ressources alliées.
Il dit que, par conséquent, il était indispensable
de continuer énergiquement la bataille, sous peine
de perdre le fruit des efforts et des sacrifices antérieurs, et de donner à l'ennemi le temps de se
redresser. Les deux ministres déclarèrent alors au
maréchal que « l'intention du comité de guerre
français était de continuer la bataille sans que les
lignes générales du plan d'opérations arrêté de concert fussent modifiées ». Et le commandant en chef
des armées britanniques prit acte de ces déclarations
pour en rendre compte à son gouvernement [1].

Il n'y avait donc plus qu'à reprendre les armes.
Mais auparavant, le général en chef se rendit à la
V^e armée, où il vit tous les chefs des unités chargées de l'attaque Sapigneul-Brimont, dont la date
n'était pas encore fixée. Chacun d'eux expliqua,
en toute liberté, l'opération qu'il comptait faire,
exposa son opinion sur les chances de succès, la
confiance que lui inspirait cette attaque et son
degré de préparation. Tous, sans exception, témoi-
gnèrent les meilleurs espoirs dans le succès. Ils
demandèrent seulement que l'ouverture du feu fût
fixée à la pointe du jour. Le général en chef s'en
remit pour cela au général Micheler.

---

1. Lettre adressée le 28 avril par l'officier d'ordonnance du
maréchal Haig au général des Vallières, chef de la mission militaire française auprès de l'armée britannique.

L'attaque du mont et du fort de Brimont devait être menée par six bataillons de chasseurs, soit un peu moins de 4.000 hommes. On était loin des 60.000 dont avait parlé le ministre de la guerre, comme devant y être sacrifiés. L'opération, écrivait à ce dernier le général Nivelle (27 avril), venait d'être fixée au 1er mai, mais elle pourrait, en cas de besoin et à la demande des généraux de division, être reculée; ce qui serait sans inconvénients, puisque l'attaque de Craonne et du plateau de Californie ne devait avoir lieu que le 3. Le lendemain, 28, il confirmait de vive voix ces déclarations à M. Painlevé, qui l'avait mandé à Paris.

Mais voici que le 29, à cinq heures du soir, il était appelé au téléphone par le même ministre qui lui apprenait : 1° que le général Pétain avait été nommé, la veille, chef d'état-major général ; 2° que le conseil des ministres avait décidé de surseoir à l'attaque de Brimont. La première décision était parfaitement légitime et légale ; la seconde constituait, je ne crains pas de le dire, un véritable excès de pouvoir.

Vainement M. Painlevé s'appuyait sur la lettre du 27, où le commandant en chef annonçait un sursis possible, et sans inconvénient, de l'attaque en question. Plus vainement encore, il arguait de ce que « le gouvernement était insuffisamment éclairé sur les risques et pertes possibles entraînés par l'opération ». Rien de tout cela ne pouvait justifier l'entrave ainsi apportée au libre exercice du commandement militaire, qui doit rester un et indivisible, et ne comporte d'autre intervention gouvernementale que le changement de son titulaire. Napoléon l'a dit, avec une autorité que personne, je suppose, ne songe à contester : « Un commandant d'armée n'est point tenu d'obéir aux ordres du ministre de la guerre, lequel ne peut revendiquer la direction des opérations. » Que si celui-ci se retranche derrière les décisions du cabinet dont il fait partie, il évoque des incompétences encore moins recevables que la sienne et ne fait que ressusciter un de ces conseils auliques dont l'Autriche, éternelle vaincue, adopta si longtemps la coutume lamentable et heureusement peu suivie[1]. Le général Nivelle pouvait donc, en droit strict et en toute sérénité d'âme, passer outre aux injonctions qui lui étaient transmises sous une forme d'ailleurs insolite. Ce n'eût pas été, de sa part, un acte d'indiscipline ou de rébellion, mais simplement l'usage légal des pouvoirs qui lui avaient été dévolus.

Quand, au mois de juin 1855, Pélissier, qui ne partageait point les idées de l'empereur Napoléon III sur la conduite du siège de Sébastopol, eut été sommé par ce dernier de dessiner une grande offensive, soit par la Chersonèse, soit par

---

1. A la réunion du comité de guerre du 11 mai, plusieurs ministres, dont MM. Léon Bourgeois, Thierry, Maginot, déclarèrent que le conseil des Ministres n'avait jamais *délibéré* au sujet de Brimont.

Simféropol, il répondit au souverain ces nobles et fières paroles : « Sire, l'exécution radicale de vos ordres est impossible ; c'est me placer entre l'indiscipline et la déconsidération. Votre Majesté ne le voudra pas. Je n'ai jamais connu l'une, je ne voudrais pas subir l'autre... Que V. M. me dégage des limites étroites qu'elle m'assigne ou qu'elle me permette de résigner un commandement impossible à exercer, de concert avec nos loyaux alliés, à l'extrémité parfois paralysante d'un fil télégraphique. » C'était la raison même. C'était la logique et le droit. L'empereur dut céder et n'en eut point de rancune, puisqu'aussitôt après la chute de Sébastopol, survenue trois mois plus tard, il faisait Pélissier maréchal de France et duc de Malakoff.

Résumé de la situation. — Aussi bien la situation, telle qu'elle se présentait alors sur le front français, ne comportait aucune des solutions extrêmes qu'on semblait vouloir lui donner, et pour en convaincre le lecteur, il me suffira de la résumer en quelques traits.

Nous avions, le 16 avril, remporté un succès indéniable, mais non point pratiqué la rupture escomptée. Le général en chef s'en rendait parfaitement compte tout le premier, et dès le lendemain, voyant les difficultés que le terrain présentait au sud de Laon, il avait de lui-même modifié, dans le sens des directives adoptées lors de la conférence du 6 avril, ses dispositions premières. L'ordre donné le 17 porte en effet que « la gauche de la VIe armée doit s'installer sur les positions conquises, pendant que la droite de cette armée s'efforcera d'atteindre la crête du Chemin des Dames qu'il importe de tenir pour asseoir notre situation au nord de l'Aisne ; quant à la Ve armée, elle portera ses efforts vers le nord-est, au sud de l'Aisne, et *s'efforcera de dégager Reims*, en liaison avec la IVe armée ». C'est-à-dire que toute idée de percée rapide et brutale sur Laon était abandonnée, au moins pour le moment, et qu'on ne visait plus dans cette direction que la conquête du Chemin des Dames, rendu plus accessible par le recul précipité de l'ennemi.

En somme, tout le dispositif, resté le même dans son ensemble, devenait orienté vers un but évidemment subsidiaire, mais fort intéressant tout de même : le dégagement de Reims. On pensait obtenir celui-ci par des attaques concordantes de la IVe armée, poussant vers le nord ses efforts successifs à travers le massif de Moronvillers, et de la VIe, qui devait gagner du terrain vers le nord-est en enlevant tout d'abord les hauteurs de Brimont, de Spin et de Sapigneul. Ce plan pouvait prêter à la critique, comme tous les plans du monde, comme avait fait celui de Pélissier devant Sébastopol, qui pourtant aboutit à un triomphe. Mais le général en chef l'ayant adopté sous sa responsabilité, il n'appartenait pas au gouvernement d'en entraver l'exécution et encore moins de le morceler ainsi qu'il le fit en interdisant l'attaque de Brimont.

On ne peut nier, à tout prendre, que la bataille de rupture projetée ne prit ainsi peu à peu les allures d'une bataille d'usure à longue durée. Mais il devenait évident aussi, que cette usure allait beaucoup plus vite chez l'ennemi que chez nous. Celui-ci, à la date du 1er avril, disposait sur le front occidental d'une réserve forte de cinquante divisions fraîches sur les deux cent cinquante qui constituaient ses forces globales en France. Or, dès la fin d'avril, cette masse énorme avait fondu presque entièrement, si bien que, pour alimenter la bataille, Ludendorff était obligé de puiser dans les secteurs tranquilles et, bientôt, de supprimer tout repos aux troupes qu'il lui fallait retirer du combat. Tout ce qu'il pouvait faire était d'envoyer leurs débris essoufflés dans les tranchées plus calmes de l'Argonne et des Hauts-de-Meuse, comme on s'en aperçut dans le courant du mois de mai. C'est ainsi que la 2e division de la garde, décimée sur le plateau de Californie, se retrouva, après cinq jours à peine, à la Harazée, et que la 28e division, relevée le 18, fut identifiée à nouveau, le 25, sur la côte du Talon. Ces malheureux contingents avaient tout juste pour souffler le temps de leur déplacement. Etant donné que des constatations pareilles étaient faites en face des Britanniques, il n'est pas étonnant que les commandants en chef aient réclamé avec insistance la continuité d'une activité qui devait infailliblement provoquer la rupture d'équilibre en notre faveur.

Leur confiance n'était malheureusement pas partagée par le Parlement français qui, de loin, jugeait insuffisants les résultats obtenus. Il était influencé par les récits peu encourageants de ses membres, beaucoup trop nombreux, il faut le dire, qui avaient, sans mandat aucun, suivi l'attaque des hauteurs du moulin de Roussy ou du poste du commandement du général Micheler. Quel jugement pouvaient porter sur l'état réel des choses ces députés ou sénateurs, naturellement très impressionnés par les péripéties sauvages d'une lutte sanglante qu'ils voyaient pour la première fois, et d'ailleurs incapables de faire le départ entre la vérité et les renseignments fournis par la nuée d'affolés qui refluaient vers l'arrière, ou de tempérer les supputations imposées par le spectacle, terrifiant pour eux, de l'amoncellement des blessés? Au surplus, la bataille, effort sacré qui met en jeu tous les ressorts de l'âme humaine, présente, à côté de grandeurs incomparables, des misères qu'il faut cacher. Seuls y ont droit d'assistance ceux qui ont à y remplir un rôle ou une fonction comportant risques de leur renommée ou de leur existence, et il est indécent de la transformer en une sorte de spectacle cinématographique. Ce fut une inexcusable faiblesse d'autoriser cet afflux de personnages, dont la place n'était certainement pas là, dans les observatoires militaires et autour de certains chefs supérieurs.

Elle ne tarda pas, comme on sait, à porter des fruits malsains. A peine rentrés à Paris, tous ces invités parasitaires n'eurent de cesse qu'ils n'eussent fait à leurs collègues un tableau très poussé au noir — inconsciemment, je le veux bien — de ce qu'ils avaient vu et entendu. Leurs récits, colportés, déformés et grossis à souhait, eurent vite fait de jeter partout des alarmes qu'une poignée de misérables qui se tenait aux écoutes s'empressa d'exploiter au profit de ses détestables sentiments.

C'était le moment, en effet, où une campagne défaitiste, timide d'abord, sournoise et presque honteuse, mais qui prenait de l'audace avec les événements, et dont les meneurs impudents savaient adroitement profiter des circonstances, venait de s'ouvrir dans Paris et commençait à empoisonner l'armée. J'en ai déjà dit un mot, mais il me faut encore y revenir, quelque triste que soit ce sujet. Soudoyée par l'étranger, cette campagne constituait une véritable contre-offensive allemande, à l'encontre de laquelle les pouvoirs publics ne réagissaient pas encore avec assez de vigueur. Ils laissaient les gares d'accès à Paris subir une invasion d'agents corrupteurs des deux sexes, qui employaient les moyens les plus vils pour atteindre, dans leur esprit et dans leur corps, les malheureux permissionnaires dont ils s'efforçaient de faire les colporteurs de leur infâme propagande. Des tracts répugnants, prêchant ouvertement la désertion et l'indiscipline, étaient répandus à profusion sur le front, où ils allaient diffuser la gangrène.

Ce fut pendant quelques temps une orgie de monstrueux débauchages, qui ne cédèrent qu'à des mesures énergiques et à un nettoyage opéré trop tardivement. Car déjà le mal était fait, et dans l'armée, travaillée à loisir par la bande scélérate, apparaissent des symptômes, non seulement de découragement, mais de révolte, qui exigèrent un peu plus tard d'impitoyables sanctions.

Cette dépression morale, dont les débuts remontaient à la fin d'avril, a été, à n'en pas douter, provoquée en partie par la singulière aberration qui poussait nombre de gens à transformer nos succès en revers, et par la crise du commandement qui, survenant peu après, amena une recrudescence immédiate de la campagne défaitiste. Elle s'explique également par le brusque changement d'attitude imposé aux troupes, lesquelles après avoir été un moment nourries des plus grandes espérances, se voyaient tout à coup condamnées derechef à une défensive inerte, infiniment coûteuse et peu faite pour hâter le dénouement tant désiré. Mais elle avait aussi d'autres causes, que l'Histoire ne saurait négliger.

Tout d'abord, certaines unités souffraient de fatigues excessives, et qu'on aurait pu leur éviter. Par exemple, un chef de corps, dont les soldats s'étaient plus ou moins mutinés, rendait compte, le 2 mai, que sa troupe n'avait eu aucun repos depuis cinq mois. Une division, qui fut engagée le 16 avril et particulièrement éprouvée, n'avait point connu la moindre détente depuis le 1ᵉʳ décembre 1916. Il n'est pas douteux qu'un pareil surmenage devait agir sur les cerveaux. Mais il n'était pas l'unique agent de démoralisation. Ainsi des hommes interrogés par leur général déclaraient tous spontanément qu'ils étaient de bons soldats et de bons Français, qu'ils n'avaient rien à reprocher à leurs chefs, mais qu'ils trouvaient que la part n'était pas égale entre ceux qui se battaient et ceux de l'arrière. Ils n'admettaient pas que leurs camarades retirés du front gagnassent de 15 à 20 francs par jour sans aucun risque à faire des obus, *et pussent se mettre en grève*, tandis qu'eux étaient toujours à la bataille et n'avaient point de permissions. Ils rendaient responsables de cette inégalité et de cette injustice le Parlement et le gouvernement. Ils ne comprenaient pas non plus que les hommes arrivant des dépôts pussent partir en permission avant ceux qui venaient de se battre comme des lions.

On constatait au surplus — et les rapports des chefs d'unité en font foi — que les demandes d'interpellation déposées par certains députés, et commentées par la presse, avaient produit le plus déplorable effet. Devant des hommes qui, par suite de fautes de détail regrettables venaient de rencontrer dans leurs attaques des centaines de mitrailleuses intactes et de recevoir des projectiles lancés par des avions contre lesquels les nôtres ne les protégeaient pas toujours suffisamment, on

étalait complaisemment les prétendues impé-
rities du commandement et on réclamait des
sanctions rigoureuses. Ils en concluaient qu'ils
avaient été inutilement jetés au sacrifice, et la
fatigue aidant, ils étaient tout préparés pour écouter
les pernicieuses invites de papiers comme ceux-ci :

**Peuple ! c'est toi la force, ne l'oublie pas !
Sans permission, sans repos, ne mar-
chons plus !**

ou bien :

**A bas la guerre ! Mort aux responsables !
Camarades ! Il est temps d'agir. Faites
voir que vous êtes des hommes et non des
pestailles !**

La propagande infâme accentuait donc ses
ravages d'autant plus rapidement que les permissionnaires avaient pu assister impunément à des
réunions pacifistes, où leurs officiers étaient accom-
modés de la belle manière, et en rapporter au front
des impressions que l'on devine. Le général en chef
s'en était plaint dès le mois de février. Il ne fut point
entendu. Ce n'est pas tout. Certains journaux
et les affidés de la maffia répandaient à l'envi les
nouvelles les plus déprimantes. On évaluait les
pertes subies à des chiffres épouvantables, que ne
démentaient malheureusement pas les renseignements, fournis sur les bases les plus inexactes et
les plus téméraires, par le service de santé, totali-

sant le nombre des entrées dans les diverses formations sanitaires de l'arrière et du front, et arrivant
ainsi à le doubler pour le moins. On laissait dire
couramment que ces pertes soi-disant effroyables
étaient dues à l'insuffisance de la préparation d'artillerie ; que des bataillons entiers avaient été lancés
à l'assaut de fils de fer intacts ; que le service des
ambulances était si mal organisé que de très nombreux blessés étaient morts faute de soins. C'étaient
là des exagérations manifestes quand ce n'étaient
point des mensonges. Mais qu'importait la vérité à
ceux qui tenaient les fils de cette odieuse intrigue,
et dont l'unique souci était d'arrêter la guerre,
dût la France en mourir !

Nouvelle Conférence. — On voit combien la
situation morale était compromise et combien les
affaires militaires devaient s'en ressentir. Le
général en chef se sentait pris dans un réseau
de difficultés dont les plus graves assurément
n'étaient pas celles qui se présentaient ouvertement à lui, et sa fermeté semblait moins entière
que par le passé. Il est vrai que, le 1er mai,
il avait reçu du ministre de la guerre une lettre où
celui-ci se défendait d'avoir « arrêté une opération
en cours », mais disait avoir simplement signalé
« les divergences qui semblaient exister entre les
appréciations du commandant en chef et du chef
d'état-major général Pétain, concernant l'attaque
de Brimont, laquelle, au dire du général Nivelle lui-
même, *pouvait être retardée sans inconvénients* ».

M. Painlevé pensait qu'une entrevue entre les deux généraux leur permettrait de « confronter leurs appréciations divergentes ». Cette entrevue, qui eut lieu le 30 avril, fit décider en effet que l'on exécuterait l'attaque prévue, *mais en en détachant ce qui concernait Brimont.*

Or, si l'on voulait réellement dégager Reims, comme le général Nivelle l'avait indiqué dans ses directives des 17 et 23 avril, il fallait déterminer une action concordante des V^c et IV^c armées. La première aurait attaqué sur le front mont Sapigneul-Brimont inclus, tandis que la seconde se fût portée sur Moronvillers, pour de là converger avec l'autre sur Warméréville. Supprimer l'attaque de Brimont était donc un acte qui ne se justifiait guère, d'abord parce qu'elle rompait la solidarité des manœuvres ; ensuite parce que les Allemands, laissés maîtres de la hauteur, pouvaient rendre celles-ci plus difficiles et plus coûteuses [1] ; enfin, parce que le dégagement de Reims était fonction de la conquête de Brimont, comme le montre le croquis ci-dessous. En réalité, toute l'affaire était remise en question. Aussi le général en chef mandait-il au général Micheler, le 1er mai, que l'attaque prévue pour la V^c armée serait limitée à l'enlèvement des hauteurs du mont Sapigneul et du mont Spin. Nous voilà cette fois assez loin des projets primitifs.

1. Lorsque, le 4 mai, nous occupâmes Berméricourt, une contre-attaque lancée à l'abri de la colline de Brimont et appuyée par l'artillerie qui y était en position ne tarda pas à nous en débusquer.

Mais déjà les Anglais s'étaient émus de ces tergiversations et se montraient inquiets de tant d'incertitudes[1]. Le 3 mai, arrivaient à Paris M. Lloyd George, le général Robertson et l'amiral Jellicoe. Ils venaient se concerter avec le gouvernement français sur les conséquences de la guerre sous-marine, mais aussi sur « ses intentions définitives

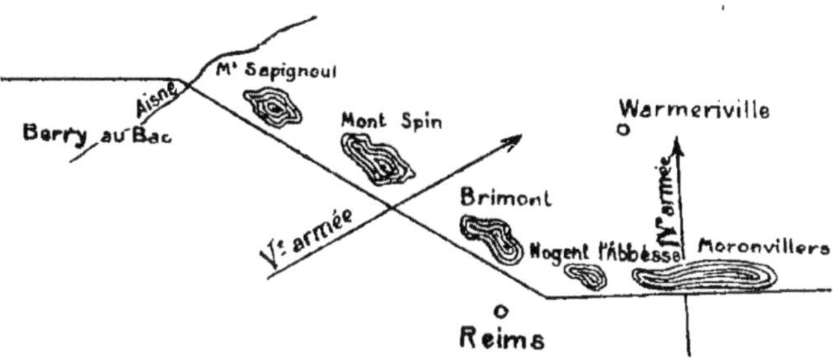

au sujet du commandement et de la conduite de la guerre ». Le lendemain, ils se réunissaient au ministère des affaires étrangères en grand comité[2].

Tout d'abord, lecture fut donnée d'un document insistant sur la nécessité de tenir les opérations plus secrètes[3]. « En ce qui concerne celles-ci, dit

---

1. Télégramme de l'ambassadeur de France à Rome en date du 1er mai.

2. Y assitaient : 1° *du côté anglais* : M. Lloyd George, lord Cecil, maréchal Haig, général Robertson, général Morris, amiral Jellicoe ; 2° *du côté français* : MM. Ribot, Painlevé, Léon Bourgeois, amiral Lacaze, généraux Nivelle et Pétain, M. de Margerie.

3. Il est assez étrange que, malgré ses demandes réitérées, le commandant en chef n'ait jamais pu entrer en possession de ce document, mais déjà peut-être le considérait-on comme virtuellement relevé de ses fonctions.

M. Lloyd George, il est inadmissible que les gouvernements et comités, incompétents en matières militaires, émettent la prétention de les diriger. Que si les bases générales du plan de campagne fixées par les directives d'ensemble sont connues des gouvernements, tout ce qui touche aux opérations, terrain d'attaques, dates, heures, forces employées, est du domaine exclusif du commandant en chef. » On ne pouvait mieux dire. Le « premier » anglais poursuivit : « L'offensive franco-anglaise a déjà donné des résultats considérables : plus de 2.000 kilomètres carrés de terrain français reconquis, des milliers de prisonniers dont le nombre augmente chaque jour, 500 canons, des milliers de mitrailleuses, du matériel de toute espèce, un grand nombre de divisions ennemies mises hors de lutte. Supposons l'inverse, et que nos armées aient reculé de 50 kilomètres, perdu 45.000 prisonniers et le reste, c'est alors que nos populations seraient excusables de manifester de l'inquiétude et de s'émouvoir devant l'écrasante supériorité de l'ennemi. Assurément, nous avons fait des pertes, et la bataille est rude. Mais les sacrifices de l'ennemi sont autrement considérables que les nôtres, et il éprouve, sous le rapport des fabrications et du ravitaillement, des difficultés bien supérieures à celles que nous rencontrons nous-mêmes. Actuellement les alliés de l'ouest ne peuvent compter que sur eux-mêmes et ont tout intérêt à hâter la solution du conflit. C'est donc le cas ou jamais de pousser l'offensive sans répit, car on y perdra beaucoup moins qu'en agissant avec mollesse, par des efforts dispersés et restreints. »

A ces fortes paroles, M. Ribot opposa non point une fin de non-recevoir, car il se déclarait, dans l'ensemble, d'accord avec M. Lloyd George, mais du moins certaines objections. La France, qui avait soutenu longtemps la lutte à peu près seule, se sentait plus menacée que l'Angleterre par la crise des effectifs. Il ajoutait que le mouvement d'émotion constaté dans notre pays s'expliquait par la déception qu'avait causée l'évanouissement des espoirs exagérés dont on l'avait nourri. — « L'Angleterre est décidée à continuer l'offensive avec toute ses forces, reprit M. Lloyd George. Mais il faut qu'elle ait l'assurance que la France en fera autant. Et puisqu'on parle de déception, j'estime que le devoir des commandants en chef est, non pas de se limiter à des conceptions étroites et à des plans bornés, mais de surélever les courages en laissant entrevoir certaines espérances. J'espère qu'ils n'y manqueront pas plus dans l'avenir que dans le passé. »

M. Ribot donna alors l'assurance que l'armée française s'emploierait avec toutes ses forces, et M. Painlevé, après un retour bref et peut-être inutile sur les désillusions éprouvées, fit cette simple déclaration, que « s'il ne s'agissait désormais que *d'actions locales à faible envergure*, on ne risquerait point de faire des pertes exagérées ».

Enfin, le général Pétain ayant présenté quelques observations d'ordre essentiellement tactique, on se sépara sans autre conclusion.

Si le souci causé par l'arrêt éventuel des attaques était, comme on vient de le voir, assez aigu en Angleterre, il se manifestait en Italie avec des effets encore plus accentués. La nouvelle s'étant répandue à Rome que des demandes d'interpellation avaient été déposées par certains députés français sur les derniers événements, notre ambassadeur et l'attaché militaire signalaient immédiatement le parti qu'en tiraient les neutralistes de la Péninsule, lesquels, s'autorisant des racontars venus de Paris, colportaient partout que nous avions subi une grosse défaite et que l'armée Mangin n'existait plus. Cette campagne, parallèle à celle qui se faisait ici-même dans un sens identique, commençait à déprimer sérieusement le sentiment public. M. Barrère insistait pour qu'on y coupât court par l'affirmation très nette que « l'offensive franco-anglaise n'avait pas cessé un seul instant, et qu'elle se développait avec une énergie toujours croissante selon les plans concertés entre les deux états-majors ».

Il ne fut point donné suite à cette invitation. Les événements allaient d'ailleurs se charger de démontrer que si l'opération en cours n'était point, à proprement parler, enrayée, elle allait tout de suite dégénérer en une série de ces actions locales dont avait parlé le ministre de la guerre, et qui n'avaient plus avec les projets grandioses d'autrefois que des rapports lointains, puis bientôt s'éteindre tout à fait. Il en était d'elle comme de ces brasiers dont la flamme semble d'abord devoir tout dévorer et qui, n'étant plus suffisamment alimentés, jettent peu à peu, avant de mourir, leurs dernières lueurs.

Reprise et arrêt définitif de la bataille. — Cependant la lutte avait repris le 30 avril sur des données maintenant quelque peu incertaines. Le général en chef n'avait pas abandonné l'espoir de dégager Reims, encore qu'il eût peine à le faire en négligeant Brimont. Les IVe et V^e armées étaient chargées de cette mission, tandis que les VIe et X^e armées chercheraient, par une action simultanée, à s'emparer des hauteurs au sud de l'Aisne et à s'y établir en nettoyant si possible le terrain jusqu'à l'Ailette [1]. Comme il ne s'agit plus ici que d'affaires de détail, nous nous bornerons à en faire succinctement l'énumération.

Le 30 avril, à midi quarante, après une préparation d'artillerie intense, la IVe armée se porta à l'attaque sur le front compris entre le méridien de Beine et le mont Téton inclus. Sa gauche enleva du coup la première position sur une longueur de 1.200 mètres, puis progressa d'abord rapidement jusqu'à la tranchée de Leopoldshoehe et les pentes du mont Cornillet. Mais des contre-attaques

---

1. Ordre général du 6 mai 1917.

énergiques la rejetèrent bientôt, au moins en partie, dans le milieu du bois de la Grille et les fourrés à l'ouest.

Sa droite occupait pendant ce temps le ravin septentrional du mont Haut et la crête du Casque-Téton. Elle progressait entre ces deux points dans le ravin de la Fosse-Froide et occupait le bois de Bac. Partout, dans les taillis où se trouvaient en masse des nids de mitrailleuses, la lutte était extrêmement âpre et la progression limitée.

Il n'y eut plus rien jusqu'au 4 mai. Ce jour-là la *X^e armée* enleva vivement le village de Craonne en entier, avec ses débouchés est et nord, puis essaya d'aborder le plateau de Californie. La *V^e armée*, déployée à 6 heures 30 du matin, enfonça la première ligne ennemie, mais dut ensuite reculer. En fin de journée cependant, elle gardait sa conquête entre le bastion du mont Sapigneul et le boyau du Colombier, ainsi que la lisière du bois de Séchamp. Un moment, elle avait occupé le village de Berméricourt, repris par l'ennemi à 1 heure de l'après-midi. En présence des organisations souterraines du mont Sapigneul et de mont Spin, restées intactes malgré le feu de nos pièces, le général Mazel décidait d'ajourner l'attaque ordonnée sur ces deux points. La *IVe armée* avait, pendant ce temps, fait, malgré une très forte réaction de l'artillerie allemande, quelques progrès sur les pentes du mont Blond et du mont Cornillet.

Le 5 mai, la *VIe armée* s'empare de la ligne
mont des Singes-ferme de Noisy-moulin de Laf-
faux-tranchées du Panthéon-Épine de Chevrigny-
ferme Froidemont. La *X^e armée* attaque brillamment, à 9 heures, le front compris entre la ferme
d'Hurtebise et Craonne et enlève la totalité du
plateau. Elle pousse même jusqu'au rebord septentrional de celui-ci, malgré la résistance acharnée
des Allemands, des contre-attaques réitérées et une
très vive réaction d'artillerie qui se prolonge
jusque dans la soirée. La *IVe armée*, après une
lutte terrible poursuivie pendant la nuit, enlève
les observatoires du mont Blond et s'installe sur
les pentes nord. Au Cornillet, alternatives d'avance
et de recul.

Le 6, à la VIe armée, les positions sont maintenues malgré de nombreuses et fortes contre-
attaques ennemies dans la région de Laffaux, aux
abords de la ferme Froidemont, au nord de Braye
et sur le front de la Bovelle. Il y a progression
sur le mont des Singes et à l'est de la ferme
Moisy. Le château de la Motte, ainsi que les
pentes ouest et sud d'Allemant sont occupés. Au
nord de Braye, on avance vers le Chemin-des-
Dames. Une contre-attaque ennemie est brisée près
de la ferme Froidemont. Pendant la nuit, les
Allemands réagissent avec vigueur. Le combat est
particulièrement vif dans la région de Laffaux,
entre l'Épine de Chevrigny et la ferme de Froidemont, ainsi que sur tout le front Cerny-Hurte-

bise. Nos positions sont maintenues partout, sauf à l'ouest d'Allemant où l'ennemi à pu reprendre pied dans le château de la Motte. A la Xe armée, rien à signaler qu'une forte réaction de l'artillerie adverse.

Le 7 mai, cette même armée perd le saillant nord-ouest du plateau de Californie. Les éléments avancés au nord et à l'ouest du plateau des Casemates sont repliés en vue d'une nouvelle préparation contre le rebord sud de cette partie du plateau.

A partir de ce moment, la bataille se dilue et son histoire cesse de se confondre avec l'épisode de guerre que nous avons entendu raconter.

CHAPITRE IV

LES SUITES

Changements dans le commandement. — Par
dépêche en date du 10 mai, le ministre de la
guerre informait le général Nivelle que le gouvernement avait décidé *en principe* de le remplacer dans les fonctions de commandant en chef, « les
méthodes de guerre que proposait le général
Pétain paraissant préférables à celles qu'il avait
lui-même adoptées et fait exécuter par le général
Mangin ». On l'invitait donc à offrir sa démission,
en faisant valoir comme motifs à son choix les
changements introduits au grand quartier général
ou des raisons de santé. Or les changements en
question s'étaient faits sur ses indications mêmes [1],
et les raisons de santé n'existaient pas. Le général
Nivelle refusa de se donner en holocauste. Le
même jour, le général Pétain venait lui annoncer
qu'il devenait son successeur et que le général

1. Devant le courant d'opinion qui représentait le général
Mangin comme insuffisamment ménager de la vie de ses hommes
— courant que l'on ne pouvait nier — le général en chef avait
demandé qu'un congé fût donné à cet officier général à l'expira-
tion duquel un commandement lui serait rendu. C'était là une
condescendance regrettable et dont aurait dû se défendre le
général Nivelle, qui savait mieux que personne ce que valait
l'aune des accusations ridicules portées contre son subordonné.

Foch était nommé à sa place chef d'état-major général.

Le lendemain se tenait à Paris un comité de guerre, au cours duquel le général Nivelle renouvela son refus de démissionner. Il le maintint énergiquement malgré les instances de M. Ribot, devant qui le ministre de la guerre avait, paraît-il, posé la question du cabinet et qui craignait une crise ministérielle. Enfin, le 16 mai, il reçut avis officiel de la nomination du général Pétain au commandement en chef des armées du Nord et du Nord-Est, et communication d'un décret présidentiel lui conférant le commandement d'un groupe d'armées. Mais, six semaines plus tard, le 28 juin, arrivait une lettre par laquelle le nouveau général en chef l'informait que, ne pouvant disposer avant longtemps d'aucun commandement de groupe d'armées, il le remettait purement et simplement à la disposition du ministre.

Ce traitement assez rude, dont le général Pétain n'était en réalité que l'exécuteur contraint, coïncidait avec certaines manifestations parlementaires qui — et c'est le moins qu'on en puisse dire — manquaient absolument d'opportunité. Ce n'est pas au moment où une émotion spontanée ou non, mais inquiétante, s'est emparée du public, qu'il est prudent de l'exacerber par des discussions, des interpellations ou des séances en comités secrets, où les opérations militaires et ceux qui en ont porté la charge sont jugés, critiqués, censurés par des personnages en majorité incompétents et dont les sentences, juridiquement nulles, sont portées dans le tumulte des passions. Une assemblée politique ne semble guère qualifiée pour se prononcer sur la valeur de telle ou telle stratégie, de telle ou telle manœuvre. Si, pour redresser le sentiment public qui s'égare, ou lui donner satisfaction lorsqu'il paraît rester dans la voie droite, elle juge à propos, soit de réclamer la lumière, soit de provoquer des sanctions, elle peut s'adresser au gouvernement — spécialement au ministre de la guerre — pour l'inviter à faire demander des comptes aux chefs responsables, par un tribunal régulièrement institué. Mais elle commet une usurpation manifeste et très dangereuse, quand, abusant de son omnipotence, elle entend se substituer à ce dernier. L'intervention rétrospective de la Chambre française dans les actes de guerre a eu, au mois de juin 1917, des conséquences extrêmement fâcheuses, qui furent précisément celles que tout le monde redoutait. Mais avant de les examiner, il convient d'exposer les griefs sur lesquels cette intervention était basée, et de voir jusqu'à quel point ceux-ci étaient fondés.

Il n'est pas contestable que si le général Nivelle a cherché la bataille de rupture, il ne l'a pas obtenue. Est-ce une raison pour l'accuser d'incapacité totale et le vouer aux gémonies? Il faudrait alors en faire autant pour tous les chefs d'armée qui ont éprouvé quelque déboire; pour Pélissier — dont j'ai déjà parlé et qui fait cependant assez bonne figure dans l'Histoire — parce qu'il a échoué le 18 juin 1855 devant Malakoff, ou pour Moltke lui-même, dont la bataille imprévue de Spicheren, le 6 août 1870, faillit déranger tous les plans. La guerre comporte toujours des aléas contre lesquels il est parfois très difficile, pour ne pas dire impossible, de se tenir en garde. Au surplus, le plan de l'offensive sur l'Aisne avait été soumis au gouvernement, à qui incombe, on ne saurait trop le redire, la con-duite générale de la guerre, et accepté par lui. Que s'il a fait naître dans son sein, comme dans le public, des espoirs peut-être excessifs, cela tient surtout à ce qu'on a pris pour des buts fermes, devant être immédiatement atteints, certains points géographiques nommément désignés, qui n'étaient en réalité que les aboutissants du mouvement.

On lit en effet dans l'instruction du 30 décembre 1916, communiquée aux commandants de groupes d'armées : « L'armée de gauche aura pour mission de poursuivre son offensive *en direction* de Laon-Saint-Quentin... Porter aussi rapidement que pos-sible le gros des forces vers le nord ; *axe général*, Craonne-Guise... Le groupe des armées du nord coopérera en poussant des attaques *en direction* de La Fère et de Saint-Quentin, tandis que les armées britanniques continueront leur offensive *en direction* de Cambrai et du Catelet..., etc. » Le mot « atteindre » appliqué à tel ou tel objectif, n'est pas prononcé. Il l'a été, par contre, dans cer-

tains ordres subsidiaires. Mais, comme disait
M. Lloyd George au comité du 11 mai, les chefs
d'unités ont pour premier devoir d'exalter les courages, en faisant luire aux yeux de tous l'espoir de
succès retentissants.

Les résultats acquis. — Le général Nivelle venait
à peine d'inaugurer avec bonheur, devant Verdun,
une méthode de guerre qui avait attiré sur lui
l'attention du précédent cabinet. Il lui donnait ici
une extension plus considérable, et voilà tout. Il
restait d'ailleurs en complet accord avec les prescriptions du décret du 28 octobre 1913 sur la conduite des grandes unités, ainsi conçues (art. 20) :
« La réunion des forces constitue une condition
essentielle de la liberté d'action du commandement », et, (art. 61) : « La bataille générale vise
l'anéantissement des forces organisées de l'ennemi. »

Il jugeait praticable, d'après expérience déjà
faite, sur une moindre échelle, il est vrai, la rupture du front ennemi, c'est-à-dire la pénétration
jusqu'à l'arrière des batteries lourdes, d'une
attaque brusquée, opérée en 24 ou 48 heures.
C'était là tout son secret, mais un secret auquel il
était formellement attaché. Toutes ses instructions,
tous ses ordres découlent de cette idée première.
Il ne la lâchera jamais, même après la défection
russe, même après le repli Hindenburg, même
après que, lors de la conférence du 6 avril, il aura
senti que des divergences de vues existaient entre

lui et certains de ses principaux lieutenants. Faut-il lui en faire un grief? Qu'on le demande à ceux qui considèrent qu'à la guerre, la fermeté, l'audace, l'obstination même, en un mot les qualités qui font le *fortem ac tenacem prepositi virum*, sont les facteurs essentiels de la victoire, du moins pour ce qui est l'affaire du général en chef.

Toutefois, si l'on examine les choses de plus près, on constate que certaines circonstances défavorables, parfaitement connues d'avance, pouvaient donner matière à réflexion. D'abord nos troupes attaquaient à fond, sur un terrain extrêmement difficile, et sur 80 kilomètres de front, un ennemi averti, fortement retranché, et disposant de nombreuses réserves. Là était évidemment le défaut de la cuirasse. Mais d'une part, le choix du théâtre principal d'attaque avait été, comme on l'a vu plus haut [1], presque imposé par la forme même du dispositif général; de l'autre, il fallait que la manœuvre eût des dimensions assez larges, pour conserver jusqu'au bout l'élasticité qu'on entendait lui donner. D'aucuns estimeront peut-être que cette manœuvre eût été plus féconde si elle avait été engagée sous d'autres auspices et dans des conditions différentes. C'est leur droit, mais un droit qui ne s'appuie que sur des présomptions, d'autant plus fragiles qu'elles ne font point état de certaines erreurs d'exécution assez graves, dont il sera parlé plus loin.

1. P. 15.

Quoi qu'il en soit, pendant ce mois de juin 1917, les mécontents enfourchaient tous le même cheval de bataille, sur lequel ils partaient à l'assaut du commandement. Ils disaient au général Nivelle, et je parle des plus modérés : « Les résultats que vous avez obtenus ne concordent pas avec l'effort que vous avez imposé aux troupes, et surtout avec ce qu'on en attendait. » En quoi ils pouvaient avoir un semblant de raison, encore que les tentatives de percée précédemment faites n'aient point été couronnées par un meilleur succès. Mais où ils perdaient toute mesure, c'est quand ils voulaient se persuader à eux-mêmes et persuader aux autres que nos armes avaient subi un grave et presque irréparable échec.

Comment! sous la simple menace d'une préparation qui manifestement l'effrayait, l'ennemi avait refusé le combat sur une partie de son front, évacué 2.000 kilomètres carrés de terrain, libérant ainsi d'un coup environ la huitième partie du territoire envahi ; il venait de perdre au moins 300.000 hommes [1], 55.000 prisonniers, 800 canons avec un millier de mitrailleuses, et on osait parler d'une défaite subie par les alliés! Ah! si la situation avait été retournée, quel parti en auraient tiré les Allemands !

1. Si l'on applique ici le principe empirique, mais le plus généralement confirmé par l'expérience, que le chiffre des prisonniers représente communément le tiers ou le quart du chiffre des tués ou blessés, on arrive par là, le 27 mai, à un total de 350.000 hommes.

J'ai parlé précédemment de leur usure, et dit comment tout repos était refusé à leurs troupes décimées. Voici maintenant quelques chiffres, qu'il n'est point superflu de mettre en relief :

Au 1er avril, il existait, en arrière du front allemand, 43 divisions fraîches, plus 9 divisions en route vers la France (2 venant de Russie, 6 nouvelles et une en formation), au total 52 divisions. Au moment de l'attaque, c'est-à-dire le 16 avril, 16 d'entre elles sont jetées dans la bataille. Il en reste donc 36 disponibles. Le 23, il n'en reste que 16, le 25 que 12, et le 6 mai, il n'en reste plus. Le 25 mai, 99 divisions allemandes avaient passé sur le front d'attaque ; onze y étaient revenues deux fois, soit, au total, 110 passages de division. On appelait cela le « jeu de noria », et celui-ci devenait de plus en plus accéléré. En principe, une division épuisée ne devait reparaître en secteur qu'après deux ou trois semaines. Maintenant, elle y rentrait après six jours, quatre jours et même moins. Le quartier général anglais avait calculé qu'au bout d'un mois et demi de ce régime, l'usure aurait été complète et toute réserve anéantie[1]. En attendant que ce résultat fût atteint — et les ordres donnés par le général en chef les 23 et 26 avril[2] avaient pour objet de l'atteindre — l'of-

---

1. On a vu plus haut que, chez nous aussi, certaines unités avaient beaucoup souffert du manque de repos mais ce qui, de l'autre côté, était la règle, ne fut, du nôtre, que l'exception.

2. Conquête définitive des plateaux de Craonne et du Chemin-des-Dames ; dégagement de l'éperon de Californie et de Reims.

fensive alliée avait dégagé le front italien du Trentin, écarté, au moins momentanément, tout danger sur le front russe, et remis entre nos mains l'initiative des opérations que les Allemands s'étaient targués si longtemps de posséder exclusivement.

Examinons maintenant l'importance des positions conquises. Avant l'attaque, l'ennemi occupait les falaises dominantes du Chemin des Dames, d'où il commandait toute la contrée de Soissons à Reims. De là, il avait des vues sur tous nos mouvements, tandis que les siens s'opéraient à l'abri du couloir de l'Ailette. Même situation avantageuse devant les installations anglaises de Picardie, dominées par la crête de Vimy, ainsi que devant nos lignes de Champagne, surveillées par le massif de Moronvillers.

L'occupation de ces hauteurs venait de renverser la situation à notre profit. Tous les observatoires servant à suivre de l'œil les agissements de l'adversaire et à régler le tir de l'artillerie étaient entre nos mains. Et pour en connaître la valeur, il suffit de se rappeler l'acharnement que l'ennemi a mis à les reconquérir. D'ailleurs, un Allemand l'a écrit :

Le Chemin des Dames est une position d'une très grande valeur stratégique. Si nous en étions complètement rejetés, Laon serait sérieusement menacé. Il faudrait peut-être abandonner le pays qu'arrose l'Aisne en son cours supérieur. L'investissement de Reims prendrait fin.

Si les Français devenaient maîtres exclusifs, sans conteste, du Chemin des Dames, ils auraient fait le

plus grand pas dans la libération des territoires
envahis... C'est pourquoi Français et Allemands font
entrer en lutte toute leur science militaire, toute leur
technique, toute la valeur de leurs intrépides et
tenaces soldats [1].

Si maintenant on se reporte aux radios de
Nauen et aux communiqués officiels de l'ennemi,
on s'aperçoit fort bien qu'à travers la phraséologie
embroussaillée qui est le propre de son style, perce
l'évident désappointement de voir toutes ses prévisions déçues. En se repliant sur la ligne Hindenburg, il avait espéré, comme il le dit lui-même,
constituer d'abord une ligne « oscillant de façon
élastique », entre les solides points d'appui des
ailes ; ensuite mettre les alliés dans l'impossibilité
d'attaquer avant un délai fort long ; enfin les recevoir, quand ils attaqueraient, sur un terrain choisi.
Or, c'étaient les piliers mêmes de la manœuvre
allemande qui s'étaient trouvés assaillis, et cela,
moins de trois semaines après le recul protecteur.
Les premières lignes avaient cédé, les secondes
étaient entamées partout. Encore un coup donc, s'il
était permis de dire que le plan du général en chef
français, qui était aussi celui du gouvernement,
n'avait point été en totalité réalisé, nul ne pouvait
nier, sans mauvaise foi, que l'initiative des opérations ait été reprise par les alliés et leur volonté
imposée à l'ennemi ; que les disponibilités alle-

1. Article d'Anton Azpeitus, correspondant de guerre sur le
front allemand (avril 1917).

mandes ne fussent usées au point d'interdire complètement toute opération d'importance sur un autre front, qu'enfin des positions, dont la possession était capitale pour les actions ultérieures, ne fussent tombées en notre possession [1]. Et c'était bien là quelque chose, si ce n'était pas tout.

La question des pertes. — Passons maintenant à la grosse question des pertes, qui a pesé d'un poids si lourd sur les déterminations du gouvernement.

On a vu plus haut comment avait été supprimée la direction générale du Service de santé, laquelle est cependant d'ordre réglementaire. Le général en chef affirme avoir fait entendre à cet égard des protestations motivées. Le ministre de la guerre d'alors nie en avoir eu connaissance. Si nous ne pouvons les départager, nous sommes du moins en droit d'affirmer que cette suppression, parfaitement arbitraire, a eu les plus fâcheuses conséquences et entraîné des désordres tels qu'on n'en avait jamais connu de pareils.

Il est incontestable que de la comparaison entre les sacrifices exigés par les offensives de Champagne en septembre 1915 et de l'Aisne en avril 1917, qui toutes deux avaient un but identique — à savoir la percée du front ennemi — résulte cette constatation que, à peu près équiva-

1. A quoi il faut ajouter le dégagement du front du Trentin, qui permit l'offensive italienne du 14 mai.

lents dans l'ensemble, ils sont *spécifiquement* moins considérables dans la seconde que dans la première. Celle-là, exécutée sur un front de 40 kilomètres, a entraîné la mise hors de combat de 128.000 hommes, en chiffre rond. Celle-ci, effectuée sur une étendue double, se traduit depuis son début jusqu'à son arrêt définitif, au mois de mai, par une perte de 108.000 soldats, perte lourde assurément, mais nullement exagérée et qui ne permet pas, en tous cas, de crier à la boucherie, comme on l'a fait.

Une discussion s'est élevée à ce sujet entre le sous-secrétariat d'État du Service de santé et la direction des Services de l'arrière au grand quartier général, chacun de ces deux organes se rejetant la balle, et déclinant la responsabilité des erreurs commises dans l'évaluation des pertes. Il ne nous appartient pas de dire qui a raison ou tort. Le seul fait à retenir est que ces erreurs ont existé, qu'elles furent capitales, et que ceux qui, dans un but quelconque, politique ou objectif à l'égard des personnes, avaient intérêt à les exploiter, n'ont eu garde de les négliger. Au surplus, il faut bien le dire, le gouvernement qui disposait *ad nutum* de la censure, eut le tort très grave, en la circonstance, de ne point se servir de ses ciseaux pour couper les ailes aux canards qui d'un peu partout, prenaient un vol vraiment trop audacieux. Il laissait publiquement traiter le général Mangin de « massacreur », bien que les pertes de son armée aient été inférieures à celles de l'armée

Mazel, par exemple. Il ne le défendait pas contre des attaques aussi inconvenantes qu'injustifiées. Il lui ôtait même son commandement, comme on le verra plus loin, pour donner une ombre de satisfaction à une opinion complètement aveuglée. Enfin, il communiquait lui-même au maréchal Haig des chiffres tout à fait inexacts que, malgré les puissants moyens d'investigation à sa portée, il n'avait point fait vérifier [1]. Comment, avec un aussi fâcheux laisser-aller, le sentiment perverti du public aurait-il pu se redresser?

Passons donc du roman à la réalité, et voyons l'état exact de nos pertes entre le 16 et le 29 avril, tel qu'il fut officiellement communiqué plus tard à la Chambre des députés. Elles se décomposaient comme suit :

V^e *armée* (général Mazel), — 16 divisions d'infanterie :

Officiers : 312 tués, 731 blessés, 118 disparus.
Troupe : 6.127 — 26.276 — 10.779 —

Le total, en comptant les pertes russes, qui s'élèvent à 5.830 hommes, atteint 49.526 hommes hors de combat.

VIe *armée* (général Mangin). 17 divisions d'infanterie :

Officiers : 220 tués, 550 blessés, 62 disparus.
Troupe : 4.012 — 15.240 — 2.797 —
Indigènes : 1.051 — 3.672 — 2.692 —
En tout : 30.296 hommes hors de combat.

1. Voir plus haut, p. 93.

X^e armée (général Duchêne), 9 divisions d'infanterie. Engagée seulement les 22 et 23 avril :
Officiers : 21 tués, 67 blessés, 1 disparu.
Troupe : 851 — 3.630 — 279 —
Ensemble : 4.849 hommes hors de combat.

IVe armée (général Anthoine), engagée partiellement :
Officiers : 176 tués, 455 blessés, 26 disparus.
Troupe : 3.906 — 13.378 — 3.756 —
En tout : 21.697 hommes.

IIIe armée (général Humbert), qui ne fit qu'une opération démonstrative : .
Officiers : 7 tués, 29 blessés, 0 disparus.
Troupe : 263 — 1.163 — 24 —
Soit, au total : 1.486 hommes.

L'addition générale de ces chiffres donne celui de 107.854 officiers, sous-officiers et soldats. Or, quelques jours à peine après la bataille, les moins exagérés parlaient de 150.000 hommes, voire même de 200.000, quand ils ne clamaient pas avec désespoir, comme quelqu'un entendu par celui qui écrit ces lignes : « Quelle abomination ! on a fait écharper une *classe entière*, qui ne peut plus se récupérer. » Exagérations déplorables, qui partaient, chez les uns, d'un respectable sentiment de regret, chez d'autres, d'un parti pris inexcusable, et qu'il eût fallu par tous les moyens, dont certes on ne manquait pas, arrêter court, pour ne point troubler les âmes et chavirer les esprits.

Mais comment s'étaient-elles produites? Eh! c'est fort simple. Elles provenaient des évaluations fantaisistes que, dans le désordre consécutif à son organisation vicieuse, le Service de santé avait établies et communiquées beaucoup trop précipitamment: « Il avait obtenu ces évaluations par ce qu'on appelle une *erreur administrative*, en additionnant quelques-unes des entrées à l'hôpital deux et même trois fois. C'est-à-dire que les mêmes blessés passant par des ambulances, des hôpitaux de campagne et des gares où ils étaient triés pour être évacués sur des hôpitaux éloignés, étaient fréquemment portés, en chacun de ces endroits, sur la liste totale [1]. » Quant aux chiffres des morts, il est évident qu'il avait été évalué, comme on dit vulgairement, à vue de nez. En tous cas, d'une simple opération arithmétique effectuée avec moins de hâte et de trouble résulte cette constatation que, d'abord, les pertes occasionnées par l'offensive ne dépassaient point la normale, et que même, sur certains points, elles ne l'atteignaient pas. Quant à leur pourcentage par rapport aux effectifs engagés, il était d'environ 6,55 pour cent, ce qui est peu de chose. Et il allait rapidement s'abaisser par la récupération de très nombreux blessés légers,

---

1. Article de M. Willie Williams, correspondant parisien du *New York Times*. Cet article, qui signale les faits en les accentuant fortement, eut un énorme retentissement.

dont l'absence fut tout au plus de trois semaines ou d'un mois.

Cependant, comme on avait négligé de livrer à la publicité ces affirmations rassurantes, les commentaires allaient leur train, et les accusations aussi. Le 1er mai, M. Renaudel publiait dans *l'Humanité* un article violent, où il demandait, au figuré, je le veux bien, la tête de généraux dont la culpabilité lui semblait hors de conteste :

Si, disait-il, les premiers jours de notre offensive ont porté à notre adversaire des coups sensibles, il n'y a pas lieu de dissimuler que des fautes d'exécution ont été commises. Certains exécutants ont péché par un esprit de fanfaronnade qui n'est plus de mise, et qui a le tort de ne pas procurer le succès qu'il disproportionne à l'effort nécessaire. Ces fautes d'exécution, il faut qu'on sache qu'après trois ans de guerre, la nation ne peut plus les tolérer. Elles doivent être frappées. Les sanctions doivent être connues. Le gouvernement, rompant avec le passé, qui a enfermé ses sanctions dans le secret, doit leur donner publicité. On peut dire que le sang de nos soldats réclame à cet égard un changement de politique. Nous l'attendons comme une suite naturelle des mesures gouvernementales.

La confiance du pays, le moral de nos troupes sont attachés à l'esprit de décision et de fermeté que le gouvernement doit à l'une et à l'autre.

Cette diatribe affiche un goût particulier pour la justice distributive, et M. Renaudel, dont nous ne discuterons point la compétence en matière militaire, — encore que sa profession ne soit point celle des armes — y dit leur fait à tous et à chacun. Il était du reste bien placé pour connaître les fautes d'exécution dont il parle, étant de ceux qui suivaient la bataille du haut d'un observatoire convenablement situé. On regrette seulement que ces fautes, il ne les ait pas spécifiées davantage. On eût certainement trouvé intérêt à les voir relevées et critiquées par lui. A son défaut, nous allons tâcher de faire cette besogne, car n'écrivant ici ni un plaidoyer ni une apologie, nous reconnaissons sans qu'on nous en prie, que tout, en cette affaire, n'a pas atteint la perfection. Mais l'Histoire ne connaît guère de généraux infaillibles, et lorsque, comme a écrit M. Joseph Reinach dans une de ses préfaces, « Napoléon ne raconte pas une bataille de Frédéric, de Turenne, ou l'une des siennes, sans y relever une erreur », ceux qui, quelle que soit leur valeur professionnelle, ne viennent que loin après lui, seraient bien osés de se donner pour impeccables. Nous ne leur attribuons pas cette qualité, refusée à l'humanité, et à laquelle eux-mêmes ne prétendent point. Seulement, avant de leur jeter la pierre, nous tenons compte des circonstances où ils se sont trouvés, des difficultés qu'ils ont rencontrées, des obstacles qu'il leur fallait vaincre. Et, parce que personne ne peut se dire sûr d'avoir mieux fait à leur place, nous nous abstenons de les anathématiser, même lorsque nous jugeons, après coup, qu'en toute bonne foi, ils se sont trompés.

Les généraux frappés. — Les officiers que M. Renaudel ne nommait pas, mais qu'il désignait implicitement aux foudres gouvernementales s'appelaient Nivelle, Micheler, Mangin et Mazel. Les autres n'ont pas pris à la bataille une part assez directe pour attirer sur eux sa vigilante attention. Du premier, il a été suffisamment parlé dans les pages précédentes. Occupons-nous donc des autres, que le lecteur connaît moins.

Le général Micheler, ancien commandant de la Xe armée pendant la bataille de la Somme, où il s'était révélé chef avisé et très bon organisateur, avait reçu le 27 décembre 1916, une lettre de service qui l'investissait de fonctions assez mal définies. Il était nommé « adjoint au commandant en chef, pour exercer *par délégation de celui-ci et sous son contrôle*, le commandement du groupement tactique formé pour l'offensive avec les Ve, VIe et X^e armées ». La formule était nébuleuse. Les investitures militaires réclament plus de précision et de clarté.

Quoi qu'il en soit, le général, ayant de prime abord adopté toutes les vues de son chef hiérarchique, s'employa avec le plus grand zèle à en préparer la mise en œuvre. Mais, aussitôt après le repli allemand, sa manière de voir changea du tout au tout. La rupture, à laquelle il avait cru fermement, ne lui parut plus possible, et les instructions qu'il donna à ses lieutenants ne tardèrent pas à déceler l'incertitude qui régnait dans son esprit.

Celle du 22 mars 1917, en particulier, qui limite en profondeur les objectifs assignés à l'attaque, contredit manifestement la tendance caractéristique des projets primitifs et en bouleverse l'ordonnance, à ce point que le général Nivelle crut devoir rappeler qu'il s'agissait avant tout d'une trouée rapide et brutale, et que celle-ci était à la base de ses propres combinaisons.

En soldat discipliné qu'il était, le général Micheler s'inclina et, dès lors, se borna à assurer l'exécution d'ordres qu'il n'approuvait plus. Mais peut-être doit-on lui reprocher de n'avoir pas suffisamment caché ses impressions aux nombreux parlementaires qui fréquentaient son quartier général. Au lieu de chercher à dissiper l'atmosphère de méfiance où l'on vivait à Paris et dont la conférence du 6 avril, qui laissa le haut commandement amoindri, fut le premier effet, il contribua involontairement à l'alourdir. Et, ne pouvant inspirer à ses troupes la foi qui manquait à lui-même, il les engagea comme à regret, sans leur imprimer cette direction vigoureuse qui maîtrise les circonstances adverses, et abat les obstacles par un suprême effort de la volonté.

Mangin qui devait, un an plus tard, devenir en quelque sorte la cheville ouvrière de la bataille libératrice si admirablement conçue et si brillamment conduite par le capitaine hors de pair qu'est le maréchal Foch, Mangin fut toute sa vie un soldat incomparable. Depuis qu'il a l'âge d'homme, il se bat pour son pays sous toutes les latitudes et contre tous les genres d'ennemis. Il est l'inventeur des troupes noires, qu'il a instruites et façonnées pour une guerre à laquelle beaucoup les croyaient impropres. Avant de jeter ses hommes dans la fournaise, il les entraînait par sa parole chaude et vibrante. Il les électrisait ensuite par son exemple et sa magnifique sérénité. On a dit qu'il les sacrifiait avec une insouciance coupable. Les quelques ordres de lui que j'ai cités montrent au contraire combien il cherchait, en prenant au préalable toutes les précautions possibles, à ménager leur sang. Il est vrai qu'avec lui, il fallait arriver coûte que coûte. Mais n'est-ce donc pas là le secret de la victoire, et celle-ci a-t-elle jamais été la récompense des généraux pusillanimes que la crainte des responsabilités ou une impressionnabilité trop vive arrête au milieu du chemin ?

Son rôle à Verdun, quand sous les ordres des généraux Pétain et Nivelle, il reprit une à une les positions que les Allemands avaient si chèrement conquises en 1916, fut des plus actifs et des plus admirés. De ce que le plan établi pour l'offensive de 1917 sur l'Aisne répondait d'une façon complète à l'ardeur de son tempérament, on a tiré cette conclusion qu'il l'avait tracé en entier, ou tout au moins inspiré. C'est une erreur absolue. Mangin n'a connu le plan en question que lorsque les instructions à lui données par le général Micheler, le 7 janvier 1917, le lui eurent révélé, et il était si complètement

étranger à sa conception que, devant un chef hiérarchique, il formula contre lui certaines critiques
assez vives, auxquelles le général en chef répondit
dans une lettre privée, adressée à son subordonné
en toute confiance et en toute amitié.

On lui a reproché ensuite — et combien vio-
lemment ! — d'avoir assigné à ses troupes la plaine
de Laon comme objectif à atteindre dès le soir du
premier jour d'attaque. C'est ce que M. Renaudel
appelle un « esprit de fanfaronnade qui n'est plus
de mise ». Mais quand un chef s'adresse à des soldats qu'il va conduire à l'ennemi, il a le devoir de
chercher à les galvaniser en leur montrant d'un
coup les plus grands résultats qu'ils puissent
atteindre. C'est peut-être un artifice, mais qui n'est
point interdit, et dont tous les chefs d'armée,
Napoléon à leur tête, ont fait grandement usage.
Je n'ignore pas que, pour certains, Napoléon est
vieux jeu. Je leur dirai alors que l'ordre du jour
tant incriminé du 16 avril au soir ne faisait que
traduire, en phrases atténuées, les ordres du général Micheler qui expliquaient ceux du généralissime et indiquaient comme but assigné, après la
rupture que l'on croyait prochaine, la ligne Urcel-
Montbérault-Festieux, située en entier dans la
plaine de Laon.

Je passe sur l'accusation ridicule qui fut portée
contre le général Mangin, d'avoir attaqué sans
aucune préparation d'artillerie, et d'avoir ainsi
sacrifié la moitié de ses effectifs. La fausseté

démontrée de la conclusion suffirait à faire justice des prémisses. Mais c'est un fait acquis que la quantité d'artillerie mise à la disposition de la VIe armée était — à moins que les états de matériel auxquels je me suis référé antérieurement, ne soient faux[1] — nettement supérieurs à celle employée dans toutes les attaques antérieures; puis que la préparation fut, de l'avis des techniciens les plus qualifiés, ce qu'elle pouvait être dans un terrain parsemé d'abris naturels indestructibles par le canon, et avec des conditions atmosphériques extrêmement défavorables. Tout ce qu'il était possible de préalablement détruire l'a été. Pour le reste, il y a évidemment quelques réserves à faire, et nous les ferons en temps et lieu. Mais on n'aurait jamais dû oublier que la VIe armée enleva, sur tout le front, la première position ennemie, qu'elle gagna par sa gauche plus de 6 kilomètres en profondeur, prit 12 villages, 80 canons, fit 6.000 prisonniers et ne perdit guère, quoi qu'on en ait dit, plus de 30.000 hommes, sur les trois cents et quelques milliers qu'elle comptait. Où est, en tout cela, l'incapacité, où sont les fautes punissables et les aberrations criminelles qui appelleraient d'immédiates sanctions?

Ajoutons maintenant, pour ne rien laisser dans l'ombre, que, par deux fois, le général Mangin a

---

1. Voir pp. 58 et suiv.

engagé sa responsabilité personnelle. D'abord, lorsque voulant tirer parti de la base en équerre que le recul de l'ennemi nous permettait d'adopter, il demanda avec instance qu'on lui adjoignît les deux divisions du 1er corps colonial, pour attaquer le front Vauxaillon-Laffaux. Le général en chef les lui accorda, malgré l'opposition mal déguisée du général Micheler, et il s'en suivit que l'ennemi fut rapidement pris dans une tenaille, d'où il ne se retira qu'en plein désordre, et avec beaucoup de pertes, sous la pression convergente du VIe corps et du Ier colonial. En second lieu, Mangin — et qui donc lui en ferait un reproche ? — avait apporté, de son initiative propre, une modification essentielle au plan d'engagement. Nous avons dit précédemment que ce plan était établi d'après des programmes déterminés, qui indiquaient une heure fixe pour l'enlèvement de chaque objectif et le mouvement en avant de toutes les unités non engagées. Le commandant de la VIe armée s'était réservé les moyens d'arrêter la poussée de l'arrière et son périlleux fonctionnement automatique si la marche des premières lignes se ralentissait ou s'arrêtait. C'était pour empêcher l'entassement et limiter les pertes. Il résulta de cette sage précaution que, dans la soirée même du 16, le général Mangin put disposer de cinq divisions fraîches et renvoyer à l'arrière deux divisions du IIe corps colonial, tout en continuant à alimenter la lutte sans aucun nouveau renfort.

Cependant, les sanctions si impérieusement réclamées n'avaient pas attendu la confirmation régulière de ces différents faits, et, parmi elles, il y en avait de singulières. On a vu plus haut la mesure prise à l'égard du général Nivelle. Les généraux Micheler et Mazel suivirent de près. Enfin, le 31 juillet, le général Mangin qui se trouvait en congé depuis le 1ᵉʳ mai, était placé dans la position de disponibilité, *avec défense de fixer sa résidence dans le département de la Seine et les départements limitrophes.* C'est-à-dire qu'à une pénalité d'ordre militaire plus ou moins justifiée, mais régulière, s'ajoutait en quelque sorte celle, parfaitement illégale, de l'interdiction de séjour. La lettre ministérielle demandait en outre au général des explications sur deux voyages qu'il aurait faits sans autorisation entre Juvisy, où il s'était retiré avant son exil, et Paris. Si le sujet n'était pas aussi grave et, on peut dire aussi triste, cette prodigieuse aventure rappellerait la scène truculente du fameux drame où certain conspirateur était banni de je ne sais plus quelle république italienne avec défense de s'appeler Pietro.

A parler sérieusement, il y avait là une violation formelle de la loi de 1834 sur l'état des officiers. Rien dans la procédure qu'elle indique, ni dans celle qu'a fixée le décret du 9 novembre 1903 sur la matière, n'autorise l'emploi des lettres de cachet, qui sont encore moins de mise, à notre époque, que la prétendue fanfaronnade dont s'offusquait M. Renaudel. Aussi le général Mangin se crut-il autorisé à ne point tenir compte de l'ukase qui lui interdisait le séjour de Paris, et attendit-il patiemment dans cette ville que la bourrasque se fût apaisée. Il n'attendit heureusement pas très longtemps. Une saute de vent favorable se produisit et, au lieu du conseil d'enquête qu'il réclamait selon son droit, il reçut à nouveau un commandement. On sait, par ses deux magnifiques contre-offensives de 1918, comment il l'exerça.

Le commandant de la Ve armée était le général Mazel, officier de cavalerie d'une haute distinction. Arrivé très vite, après avoir brillamment enlevé ses escadrons pendant les débuts de la campagne, au commandement d'un corps d'armée, le XXXVIIIe, il n'avait pas eu le temps de se familiariser complètement avec les armes étrangères à la sienne. Ni alors, ni depuis deux ans qu'il était à la tête d'une armée, il n'avait eu à préparer d'attaques, en sorte que, dans celle-ci, tout était nouveau pour lui. Au surplus, il ne croyait pas, plus que le général Micheler, à l'efficacité souveraine de la manœuvre à laquelle il devait collaborer, et n'attendait d'elle que des résultats restreints.

Sa correction, qui était absolue, ne lui permettait pas d'afficher les doutes dont il se sentait assailli. Au contraire, il s'efforçait d'exécuter point par point, et sans jamais leur opposer d'objections, les instructions qu'il recevait. Mais comme s'il se fût méfié de son manque d'expérience en fait d'infanterie et d'artillerie, il ne dirigeait leur préparation et leur action que d'un peu haut. De là, des tiraillements et des fautes tactiques qui eurent les plus regrettables conséquences. De là aussi, des pertes disproportionnées avec les résultats obtenus, et un certain désordre qui enleva aux exécutants une partie de la confiance dont ils avaient tant besoin.

Ajoutons à cela que la Ve armée se trouvait dans une situation assez bizarre. Elle ne possédait point, à proprement parler, de réserves, car ses quatre divisions non engagées avaient été, en principe et d'après les ordres du général Micheler, mises à la disposition des corps de première ligne, en vue de la future exploitation du succès. Toutefois, il appartenait au général Mazel de décider en dernier ressort du moment où ces divisions seraient décidément soustraites à son autorité. Disposition étrange, et qui ne pouvait engendrer que confusion, désordre, voire même de périlleux conflits. Elle eut en tous cas cette conséquence très regrettable de placer le commandant de la Ve armée entre une initiative qu'il ne crut pas pouvoir prendre, et la stricte observance des instructions qu'il avait reçues. Finalement, les quatre divisions susdites demeurèrent inutilisées, quand elles auraient pu très efficacement soutenir celles des troupes d'attaque qui avaient fait les plus sensibles progrès.

Tel fut, impartialement décrit d'après des documents authentiques, le rôle joué dans cette bataille par ceux qui en étaient les principaux ordonnateurs. Ils y apportèrent tous un brillant courage personnel, une bonne volonté entière et une loyauté professionnelle qui aurait dû les mettre à l'abri des accusations passionnées dont ils ont été l'objet. Le malheur est qu'inaugurant un nouveau système de guerre, ils n'aient pas cru tous, malgré l'expérience de Verdun, à ses mérites efficients. La foi ardente qui animait son auteur, le général Nivelle, n'avait pas gagné le cœur de ses subordonnés immédiats, et encore moins celui de certains personnages de l'arrière qui, cédant trop facilement à l'ambiance des idées préconçues, ne voyaient tenter ce nouvel essai qu'à contre-cœur. Le désaccord latent qui existait entre les gouvernants et le commandement n'était ignoré de personne. Il exerçait sa funeste influence sur les exécutants eux-mêmes, et devait ainsi provoquer fatalement des cahots, des heurts, des fautes tactiques aux redoutables conséquences. De celles-ci, quelques-unes sont d'une nature assez grave. Ne soyons pas trop sévères pour ceux qui les ont commises, parce que leur excuse est dans cette espèce de désordre moral qui les paralysait. Mais n'hésitons pas à les signaler pour la vérité d'abord, qui ne souffre point de voiles, puis pour expliquer comment une opération de guerre dont on attendait merveilles a finalement tourné court, malgré les indiscutables profits qu'elle avait donnés tout d'abord.

Examen critique des opérations. — Ici, il faut descendre dans le détail. Aucun à la guerre n'est sans importance, parce que d'un ordre mal compris ou mal exécuté peuvent résulter les plus grands malheurs. Et d'abord, il importe de rappeler que la connaissance par l'ennemi d'une partie importante du plan d'attaque, à lui révélé par la prise de l'ordre dont un sous-officier fait prisonnier le 4 avril était indûment porteur [1], a nui considérablement au développement de l'offensive. Elle nous a privé de l'inappréciable avantage de la surprise et du secret. En second lieu, la perception de la distance qui séparait encore, au soir du 16 avril, les objectifs atteints de ceux que l'on espérait atteindre, a produit dans les troupes quelque découragement, et amené un ralentissement de l'élan magnifique qu'elles avaient montré tout le jour. Les deux faits sont évidemment connexes. Mais seul, le premier entraînait des sanctions qui, d'ailleurs, n'ont pas manqué.

Quant à l'exécution même, elle donne prise à certaines observations d'ordre technique qui visent moins les personnes que des habitudes invétérées et, tranchons le mot, des routines assurément commodes, mais absolument antinomiques avec les exigences extrêmement mobiles du combat. La plus fâcheuse était certainement celle qui consistait à diviser ce combat en tranches successives et

1. Voir plus haut, page 63.

à en déterminer d'avance les phases diverses suivant des horaires minutieusement déterminés. Une telle méthode, heureusement abandonnée depuis, est le contraire de la logique et l'opposé de la raison. Elle réduit les chefs d'unités combattantes au rôle d'automates. Elle annihile leur indépendance et leur volonté. Elle leur lie les bras au moment même où ils auraient besoin de s'en servir.

La bataille est chose animée, vivante, et conséquemment changeante. Elle présente des variations incessantes, et des modulations imprévues qu'il faut pouvoir dominer, précisément parce qu'on n'a pas pu les prévenir toutes. Elle est comme ces prismes à facettes qui donnent des objets une image toute différente de celle qu'on s'était figurée d'abord. Et c'est pourquoi un plan d'engagement, si étudié et complet qu'il puisse être, ne présente par lui-même aucune puissance réalisatrice. Un général, un chef de corps n'est point quitte lorsqu'il à réglé *ne varietur*, d'après ce plan, son heure d'attaque et la progression de ses tirs de barrage, car il n'a fait encore qu'un travail de préparation. Sa véritable fonction, au contraire, commence exactement quand sonne ce que les états-majors appellent l'heure H du jour J, c'est-à-dire l'ouverture du feu. Alors lui vient se placer à son poste de commandement. Il regarde, il surveille, il DIRIGE. L'oreille au téléphone, il écoute, quand ses yeux ne le guident plus. Il se mêle en esprit à ses troupes, il les inspire, il les manie, il en joue, si je puis dire, et il prend les décisions rapides que les circonstances lui imposent avec leur inéluctable et puissante autorité. Ainsi, le chirurgien médite plus ou moins longtemps l'intervention qu'il a décidée ; puis, le couteau à la main, il s'arme, pour lutter contre les accidents possibles, de toute son expérience, de toute son énergie et de tout son savoir.

Il n'est pas contestable que certaines traditions transformées en usage, sinon en règle, s'étaient maintenues dans l'armée, au grand dommage de l'action permanente que doivent exercer dans la bataille les commandements subordonnés. Il est arrivé souvent que l'horaire avait tort; mais on ne touchait pas à l'horaire, et alors il ne restait aux malheureux exécutants, abandonnés à eux-mêmes, qu'à s'en tirer comme ils pouvaient. Que le fait se soit produit seulement en trois ou quatre circonstances — car il faut se garder de généraliser — cela suffit pour expliquer beaucoup de ces incidents inattendus et fâcheux autour desquels on a mené si grand bruit.

Un reproche analogue peut être fait à l'artillerie qui, elle aussi, opérait trop souvent d'après un programme fixe. Elle a magnifiquement *travaillé* la première position ennemie qui fut partout bouleversée, à peu près de fond en comble. Mais la seconde s'en tira à meilleur compte, et nos héroïques fantassins ne mirent pas longtemps à s'en apercevoir. Sans doute, en certains points, se présentaient des difficultés insurmontables, dont il a été question ci-dessus. Il n'en reste pas moins évident que, sur d'autres, la préparation n'a pas été tout à fait suffisante, et qu'on a manqué par endroits de projectiles lourds, particulièrement de 155 court. L'utilisation du réseau routier laissant parfois à désirer, des encombrements se sont produits, qui ont entravé le réapprovisionnement.

Mais c'est surtout au cours de la bataille qu'ont apparu clairement les défectuosités du système qui règle le tir d'après la montre. Des raffales balayant le terrain à heure fixe, c'est peut-être fort bien au point de vue chronométrique. Mais le moindre secours opportun fait bien mieux l'affaire de l'infanterie, qui souvent n'en a reçu aucun, du moins dans un moment de besoin. Il est arrivé que ses mouvements ne se juxtaposaient pas assez étroitement au programme imposé aux pièces de position, lequel ne tenait qu'un compte insuffisant des incidents qui pouvaient se produire. Il en était de ce défaut d'harmonie comme de l'effet produit en 1870 par la fusée fusante à deux durées dont nos obus étaient uniquement pourvus pendant la première partie de la guerre. Quand l'ennemi était pris dans la fourchette, c'était parfait. Dans le cas contraire, on tirait sa poudre aux moineaux.

Le rôle de l'artillerie est, non pas d'agir pour son compte et d'après un scenario plus ou moins rigide, mais d'ouvrir les voies aux fantassins, de rester intimement liée à eux, de les suivre avec ce qu'elle peut et comme elle peut, quitte à sacrifier quelques pièces. Que si elle se fige sur sa position première, elle cesse bientôt de voir, ou encore elle tire trop tardivement. Au surplus, les obus perdent de leur puissance avec la distance. Les dégâts produits par des projectiles de 75 sont autrement considérables à 3.000 mètres qu'à 6.000 et 8.000. Toute raison pour que l'artillerie participe au mouvement, si difficile que cela paraisse sur certains terrains. La liaison la plus étroite, une liaison allant jusqu'à l'intimité, doit exister entre les deux armes sœurs. Peut-être — du moins certains combattants, même parmi les canonniers l'affirment — avait-on un peu oublié cette obligation en divers points du champ de bataille d'avril 1917.

Enfin, à l'époque dont nous parlons, les chars d'assaut n'étaient pas encore tout à fait au point, ni comme construction ni comme emploi, et ne pouvaient rendre que des services incomplets. « C'est un balbutiement », écrivait un officier. Et en effet, le 18 avril, on a pu assister à une charge superbe, mais exécutée presque comme un hors d'œuvre, en tous cas sans entente avec l'infanterie et l'artillerie d'accompagnement.

Voilà des remarques qui n'ont rien d'apologétique. Elles étaient indispensables dans un exposé sincère comme celui que nous avons tenté. La vérité, en cette affaire, est aussi distante des justifications gratuites que des grossissements mons-

trueux infligés aux événements par l'affolement
ou la passion. Elle ne se refuse à l'examen ni des
erreurs ni des fautes, mais elle entend ne point
subir la déformation humiliante de la fable ou du
roman. Et quand il s'agit de faits aussi intéressants
pour le pays que la bataille de l'Aisne, on est en
droit de regretter que ce soit seulement après
tant de controverses et de discussions embrumées
par des obscurcissements volontaires qu'elle arrive
à se faire jour. « La connaissance des choses est
toujours bonne, a écrit Saint-Simon, mais le bien
ou le mal consiste dans l'usage que l'on en fait. »

CHAPITRE V

ÉPILOGUE

Débats parlementaires sur l'offensive. — Dans un pays de régime essentiellement parlementaire comme est le nôtre, il était à prévoir que les graves événements dont on vient de lire le récit seraient évoqués au sein des Chambres. En effet, il y eut tout d'abord, à leur sujet, un long comité secret qui, à la fin de juin et au début de juillet 1917, occupa le Palais-Bourbon pendant sept jours. Mais est-ce bien secret qu'il faut dire ? Je n'aurai pas la témérité de le prétendre. A travers les murailles les plus officiellement closes des assemblées politiques, filtrent toujours quelques-unes des paroles qui y ont été prononcées et des opinions qui y ont été discutées. Nous sommes tenus cependant, au moins par convenance, de respecter le mystère qui les enveloppe aux yeux du profane et de ne point soulever le manteau transparent dont on a prétendu les couvrir. C'est là d'ailleurs une réserve facile à observer, car les discussions publiques qui ont suivi cette procédure à huis clos suffisent amplement à nous éclairer sur le travail que l'on voulait faire et sur celui qui, en réalité, a été fait.

Quinze interpellations étaient déposées, dont douze visant la bataille elle-même et trois le fonctionnement du service de santé. L'une portait « sur la politique de guerre que commandaient les récents événements politiques et militaires » ; une autre sur « la façon dont avaient été préparées, décidées et conduites les dernières opérations » ; une troisième sur « les mesures prises pour mettre à profit les enseignements de la guerre actuelle et l'emploi des engins nouveaux ». J'en passe qui étaient toutes conçues, ou à peu près, dans le même esprit. A part la première, qui se maintenait, au moins par son énoncé, dans les limites où le contrôle parlementaire peut et doit s'exercer, et peut-être deux ou trois autres qui avaient un caractère spécial, ce violent prurit de controverse équivalait à un empiétement injustifiable du pouvoir législatif sur le pouvoir militaire, dont l'indépendance technique doit être d'autant plus respectée que sont plus lourdes ses responsabilités.

S'il y avait quinze interpellations, il y eut aussi quinze ordres du jour, sans compter deux ou trois tard venus qui furent déposés au cours de l'interminable séance du 7 juillet, close seulement le 8 à trois heures du matin. Et chacun d'eux provoqua de copieux discours, au cours desquels on entendit parfois des choses étranges, car il ne faudrait pas croire que pendant ces douze heures de palabre, tout le monde ait gardé le calme qui eût convenu à d'aussi graves sujets. Le tumulte fut par instants extrêmement violent, comme c'est malheureusement devenu une habitude, et le président ne le domina qu'à grand'peine. Mais comme il ne s'agit point ici de faire un compte rendu de ces débats orageux, nous ne retiendrons de la séance que ce qui se rapporte directement à l'épisode dont nous avons entrepris de faire le récit.

Il va sans dire que nombre d'orateurs réclamaient, *a priori*, des sanctions. Lesquelles ? Ils ne pouvaient le dire. Pourquoi ? Ils ne le savaient pas exactement. Ils rendaient responsables de leur déception et de celle du public des généraux qu'ils accusaient, sans les avoir entendus, d'imprudence, de sécheresse de cœur et d'impéritie. Mais ils eussent été bien empêchés de dire en quoi consistait leur crime, et si certaines circonstances, plus fortes que les volontés humaines, n'avaient point paralysé les efforts dignes d'un meilleur résultat. Ils allaient même, dans leurs diatribes passionnées contre le commandement et les états-majors, jusqu'à présenter de bonne foi, je veux le croire, les faits sous un jour inexact. C'est ainsi que M. Dalbiez, parlant de la conférence de Compiègne, s'écriait : « Je dis, Messieurs, que la responsabilité est là. L'offensive avait été décidée précédemment, mais les événements qui s'étaient produits étaient tels qu'ils devaient conduire ceux qui, à ce moment, détenaient le pouvoir, à abandonner l'idée de cette offensive. » Or ceci, militairement du moins, n'est pas du tout démontré. M. Dalbiez poursuivait : « A la suite de quelle pression cette offensive a-t-elle été décidée ? Je l'ignore. *Nous savons seulement, de manière certaine, que c'est à la suggestion de tous les généraux qui assistaient au conseil de guerre.* » Or, on a pu voir plus haut que certains de ces généraux, et non des moindres, étaient contraires à l'idée d'offensive, et ne s'en cachaient pas. Il était donc pour le moins imprudent de faire publiquement état de certaines rumeurs dont, à cette époque, on ne pouvait encore vérifier l'exactitude. Mieux eût valu attendre, avant de tant s'échauffer, des informations plus sûres. Mais, comme disait un autre député, M. Lemery, « le pessimisme qui a succédé à l'arrêt de l'offensive du 16 avril vaut exactement ce que valait l'optimisme qui a précédé l'opération. Après le flux, le reflux de la déraison. »

A supposer que certains généraux aient péché par incapacité ou par négligence, on pouvait, au lieu de les traîner publiquement sur la claie sans qu'ils aient le moyen de se faire entendre, les soumettre au traitement régulier que prévoient les règlements et les lois. Les conseils d'enquête, et au besoin les conseils de guerre, ont été faits pour eux comme pour tous les autres officiers et les simples soldats, quoi qu'en disent ceux qui prétendent qu'on ne frappe que les petits en épargnant les grands. Là, du moins, ils ont la faculté d'expliquer leurs actes devant ceux qui, seuls, ont qualité pour se prononcer en toute équité. Et qu'on ne parle pas de camaraderie! Il y a quelque chose de beaucoup plus dangereux qu'elle, et qui conduit à des appréciations autrement iniques. C'est la passion politique, laquelle ne fait guère de recherches juridiques, mais jette dans la mêlée des partis, inconsciemment ou non, des hommes qui y sont étrangers par essence, et dont la mise sur la sellette permet de porter des coups de revers au ministère qu'on voudrait renverser.

Il n'est plus actuellement de vagabond, si misérable qu'il soit, de truand ou d'apache qui, lorsqu'il est accusé d'un méfait quelconque, ne soit entendu dans sa défense, assisté par un avocat. Et des officiers dévoués, braves, que l'on n'avait pas hésité à investir des fonctions les plus hautes mais aussi les plus lourdes qui soient au monde, pouvaient sans même être entendus, voir leur nom jeté en pâture à la malignité publique, leur mérite nié du haut de la tribune, leurs conceptions militaires taxées d'imprévoyantes, de présomptueuses et de punissables ! Il est arrivé cependant que l'un d'eux, à qui on avait reproché tous ces méfaits et qui fut brusquement privé de son commandement, en a repris un autre, et l'a exercé de telle sorte qu'il est devenu un des premiers ouvriers du salut national. Quel remords alors, s'ils ont été sincères, pour ceux qui, par leur action irréfléchie, avaient provoqué sa déchéance imméritée et privé un moment le pays de sa précieuse épée ! En vérité, la voie légale est toujours la meilleure. Et ce n'est assurément pas celle où s'engage une assemblée législative quand, à son droit de contrôle que personne ne conteste, elle entend ajouter celui, qu'elle usurpe, de jeter l'éloge ou le blâme sur des opérations dont elle ne peut être juge ni en fait ni en droit.

Le caractère objectif de ces longs et inutiles débats se dégage nettement des deux discours de MM. Accambray et Renaudel. Le premier disait :

Je voterai contre le gouvernement, parce qu'en fait nulle sanction n'est possible, nulle sanction ne peut être efficace, tant que régnera au grand quartier général et dans les états-majors la doctrine d'omnipotence dont on s'y inspire, doctrine d'action qui, fruit naturel de la mentalité de l'École de guerre, de celle du centre des hautes études militaires et du comité d'état-major, du milieu tout entier enfin, ne fait que prolonger et perpétuer en temps de guerre les pratiques à la fois de courtisanerie et d'usurpation les plus fâcheuses du temps de paix, en soustrayant les chefs eux-mêmes aux responsabilités qui, normalement, doivent s'attacher à leurs fonctions, doctrine funeste enfin en ce qu'elle écarte ainsi les meilleurs et qu'elle ne peut que confirmer, maintenir et favoriser les plus médiocres.

On pourrait se demander après cela quelle méthode de sélection semble la meilleure à M. Accambray pour se garer des médiocrités. Mais ne voit-on pas qu'il visait le gouvernement luimême, par-dessus la tête de ces chefs prétendus incapables et de ces états-majors soi-disant vani-

teux et routiniers, contre qui il invoquait les foudres
du bras séculier ? Quant à M. Renaudel, il resti-
tuait à la discussion sa véritable physionomie dans
la constatation que voici :

Les problèmes que nous avons à juger sont extrêmement enchevêtrés et vous les avez vu surgir successivement en comité secret, — car à propos de l'offensive, ce ne sont pas seulement des événements militaires que vous avez eu à juger, mais aussi des questions de justice, *mais aussi des questions de politique
intérieure,* sur lesquelles nous avons besoin d'avoir
des apaisements.

Ainsi, de l'aveu même d'un de ceux qui avaient
soulevé le débat, tout se brouillait dans cette discussion confuse, et à une incompétence technique
à peu près générale, mais formellement usurpa-
trice, se mêlaient des préoccupations d'ordre divers
qui auraient suffi à obscurcir la claire notion des
choses, même si celle-ci avait pu, par miracle,
survivre à tant de contradictions.

Il appartenait au ministre de la guerre de
répondre à ces attaques, dont certaines n'avaient été
que des divagations furibondes. Il s'était montré
l'adversaire de toute grande offensive, et, par cela
même, peu sympathique à celui qui devait la conduire. Il n'en rendit pas moins, dans les débuts de
son discours, qui furent excellents, hommage à la
vérité : « Un fait, dit-il, doit dominer cette discussion, car lui seul ramène toutes choses à **leur**

mesure, c'est qu'au cours de ces quatre derniers mois, nous avons franchi victorieusement un des tournants les plus périlleux de cette guerre... Regardez la carte ; comparez la ligne de feu telle qu'elle était au début de mars et telle qu'elle est aujourd'hui ; il n'est pas un mètre de terrain où nous ayons fait un pas en arrière et, sur tout ce front de bataille, c'est l'ennemi qui a reculé..... Messieurs, que notre joie et notre confiance se mesurent à la stupeur et à l'inquiétude de nos ennemis. »

Ce qui venait ensuite dans la harangue ministérielle pouvait, par certains côtés, prêter à la critique, parce qu'une demi-satisfaction y était donnée à ceux qui, en l'absence de tous documents officiels et probants, prétendaient s'ériger en juges souverains. Mais on y trouvait aussi, à leur adresse, un rappel à la justice et au droit.

Les résultats acquis par cette offensive, et dont il faut se garder de méconnaître l'importance, disait M. Painlevé, ont été payés trop cher. Oui, des pertes, de lourdes pertes ont été subies. *Oh ! ce ne sont pas les chiffres colossaux de morts, de blessés et de prisonniers que des racontars pernicieux, issus on ne sait d'où, faisaient circuler à travers Paris et la France*, mais pertes trop cruelles pourtant, parce qu'elles pouvaient être évitées et parce qu'elles doivent désormais être évitées. *(Applaudissements.)*

Les chefs auxquels incombe la responsabilité de ces fautes et qui pourtant pouvaient invoquer de glorieux services, ont été relevés de leur commandement. La loi ne met entre les mains du ministre aucune autre sanction, *sans une enquête préalable dont elle fixe la procédure.* En permettant aux généraux mis en cause de fournir leurs explications, cette enquête qui s'ouvrira dans quelques jours, délimitera la responsabilité de chacun et permettra au gouvernement de prendre en pleine connaissance de cause ses résolutions définitives [1]. (*Très bien ! Très bien !*)

La Chambre, au moins en partie, approuvait donc l'adoption de cette procédure légale, la seule autorisée, la seule équitable, la seule capable de donner des garanties aux idées supérieures de moralité et de justice que le ministre de la guerre évoquait éloquemment. Que ne s'y était-elle rangée tout d'abord, afin d'éviter des controverses irritantes qui n'allaient pas tarder à avoir de redoutables conclusions ! Car déjà le ministre, entraîné par le sujet et revenant, peut-être en dépit de lui-même, à ses sentiments personnels sur la bataille, se lançait dans des considérations dont le moins qu'on puisse dire est qu'elles étaient fort hasardées, et que leur retentissement dépassait malheureusement de beaucoup l'enceinte où le représentant du gouvernement les formulait si imprudemment.

---

1. Cette enquête se fit, mais d'une façon extra-réglementaire. Une commission, composée des généraux Brugère, Foch et Gouraud, remit au ministre un rapport dont les conclusions, tenues officiellement pour secrètes, ne comportaient aucune suite pénale. Et de fait, les choses en restèrent là.

Ce doit en être fini, proclamait-il, des plans ambitieux et téméraires dont les apparences grandioses dissimulent mal le vide et l'impréparation. (*Applaudissements sur les bancs du parti socialiste.*) C'en doit être fini des conceptions prétendues à la Napoléon, obstinément inspirées d'une école, que la réalité a démentie, et qui prétendent disperser et mettre en pièces, en quelques jours, des armées qui sont, en fait, des nations en armes. (*Très bien! Très bien! sur les mêmes bancs.*)

Et le ministre annonçait l'adoption d'une autre méthode « plus fructueuse en résultats, plus économe de vies humaines », qu'il appelait celle de la « guerre vraie ». — « Il faut, disait-il, que l'esprit de cette *guerre de position* qui a trompé tant de théories, déçu tant de plans ambitieux, pénètre à tous les degrés de la hiérarchie. » Ainsi, du haut de la tribune, on donnait comme acquis le retour aux luttes déprimantes et stériles de la tranchée, malgré la récente expérience de la Somme, qui en avait démontré l'impotence, et l'on prétendait, contre l'évidence, qu'elles coûtaient moins d'hommes que la bataille à ciel ouvert! Après avoir confessé qu'une offensive, même manquée dans ses buts essentiels, venait de donner des profits incontestables, on arguait de son prix, d'ailleurs démesurément amplifié, pour opérer une régression vers des procédés dont on savait ne pouvoir attendre que des gains infinitésimaux! C'était pour laisser venir les Américains, disait-on. Soit. Mais les Allemands qui, pendant ce temps se renforçaient à vue d'œil avec les forces rappelées de Russie, qui donc allait s'occuper d'eux, et les empêcher de passer à l'attaque quand ils jugeraient l'heure venue ?

En vérité, la volte-face pouvait paraître singulière. Mais il y avait quelque chose de plus grave que de la faire ; c'était de proclamer solennellement, afin que nul n'en ignorât, qu'elle était décidée sans retour. Assurément, le ministre de la guerre ne voyait pas les conséquences possibles de ses engagements inopportuns. Préoccupé avant tout, comme c'était son rôle politique, d'apaiser des colères qui grondaient au moins autant, en ce moment, contre le Cabinet que contre les chefs de l'armée, il s'efforçait de démolir la plate-forme sur laquelle s'étaient installés ses adversaires, ou tout au moins de la leur interdire pour l'avenir. Le malheur est que d'autres qu'eux entendaient ses paroles, et pouvaient y trouver des indications qu'en tout état de cause il eût été préférable de ne leur point fournir. Mais l'atmosphère parlementaire, qui ramène fatalement toutes choses à des questions de portefeuilles, opère des vitrifications à travers lesquelles trop souvent les objets se déforment au point de désorienter les esprits les plus solides à qui ils ne se présentent plus que sous des contours lourdement altérés.

Un fait curieux se dégage, en tous cas, de ces interminables parlottes, c'est que le gouvernement, tout en s'associant, au moins partiellement, aux critiques dirigées contre l'opération elle-même

— critiques dont il aurait pu prendre sa bonne part, puisque cette opération, il l'avait décidée ou tout au moins autorisée — ne se faisait point faute d'insister sur la valeur de ses incontestables résultats. « Les interpellations, disait M. Ribot, président du Conseil, se rattachent toutes ou presque toutes à la journée du 16 avril et aux journées suivantes ; ces journées sur lesquelles avaient été fondées des espérances — espérances exagérées — qui n'ont malheureusement pas été remplies, ont donné lieu à des discussions, à des polémiques auxquelles il est temps de mettre un terme, car elles auraient à la longue un effet déprimant. *Nous finirions vraiment par nous persuader à nous-mêmes que ces journées ont marqué un échec pour nos armes, alors qu'en réalité elles ont été un succès, payé cher, il est vrai, mais néanmoins glorieux. (Très bien ! Très bien !)*

Toutefois, M. Ribot faisait quelques réserves et, dans l'espoir de dominer une assemblée encore houleuse, jetait un peu de lest. « La conception, ajoutait-il, pouvait n'avoir pas été heureuse. Il y avait eu faute commise par le haut commandement. » Or, il n'ignorait pas que ces conceptions et cette faute, si elle existait, avaient été homologuées par le gouvernement lui-même, comme en font preuve les documents cités plus haut. Et en cela, son argumentation péchait par la base. Elle redevenait irréprochable sur le chapitre des responsabilités subordonnées.

S'il y a eu des fautes dans l'exécution, disait-il, s'il était vrai qu'on ait envoyé nos soldats à l'assaut sans préparations suffisantes, nous ne pourrions pas juger cela ici, Messieurs ; *ce n'est pas ici que des sentences pourraient être prononcées, parce qu'il faut que la défense soit assurée.* Si nous nous mettions ici à prononcer des verdicts sans entendre les explications de la défense, *nous commettrions une injustice et nous risquerions de briser tout le ressort de l'armée française.* Car enfin, si des sanctions sont nécessaires, il faut les appliquer avec douleur, oui, avec douleur, je le répète ; mais il faut prendre garde de ne pas pousser les choses jusqu'à ce point *qu'un général ayant l'honneur de commander des troupes françaises n'eût plus l'audace nécessaire pour arriver à la victoire.* Il ne faut pas briser l'héroïsme. Il ne faut pas briser l'élan de la race française...

C'étaient là des paroles de bon sens et d'équité. Elles furent heureusement entendues, puisqu'à la majorité de 375 voix contre 23, un ordre du jour fut voté, qui après avoir revendiqué le droit de contrôle — d'ailleurs incontesté — des pouvoirs publics, mais sans ingérence dans les opérations militaires, affirmait la confiance de la Chambre dans le gouvernement « pour garder en mains la direction et le contrôle *de la politique générale de la guerre* », enfin adressait « aux vaillantes troupes — officiers et soldats — de la République et des Alliés un témoignage renouvelé de la reconnaissance de la nation... ». En d'autres termes, on laissait les choses en l'état, ce par quoi il eût peut-être mieux valu commencer.

Cependant, si l'affaire était close pour le Cabinet et les parlementaires, elle ne l'était pas, à beaucoup près, pour le public, dont les commentaires allaient leur train. On se passait un article du *New-York Times*, extrêmement dur pour le gouvernement français et la Chambre, et qui commençait à retourner l'opinion. Celle-ci s'apercevait qu'une action d'ordre purement militaire avait été manifestement influencée par des immixtions latérales, et ses vitupérations anciennes se changaient peu à peu en des témoignages de commisération et de sympathie à l'égard des généraux sacrifiés. Aussi bien la vérité se faisait jour insensiblement, et le chiffre réel des pertes, maintenant connu, donnait un démenti formel aux conclusions déplorables que l'on avait tirées de son ridicule grossissement. L'article en question, qui fut, malgré la censure, reproduit à nombre d'exemplaires, a eu une part trop grande dans ce revirement pour que nous n'en donnions pas ici une analyse, qui en fasse connaître le ton et l'esprit.

Son auteur, M. Willie Williams, correspondant parisien du journal précité, débute par une allusion très nette et très formelle à des empiétements aujourd'hui malheureusement avérés. « Après le départ de Joffre, dit-il, après le transfert du quartier général à Beauvais et l'élévation de Nivelle au commandement suprême, le Parlement retrouva ce qu'il pensait devoir lui appartenir. Pour dire la chose simplement, le Parlement décida que le pouvoir suprême ne serait plus jamais dévolu à aucun homme au G. Q. G. Le vrai commandement suprême devait être à Paris. Nivelle devait conduire les opérations en campagne, et c'est tout. » Suit l'exposition du plan d'attaque, son explication et l'enregistrement de la précaution prise par le nouveau commandant en chef, — à qui le recul allemand et l'élargissement du front anglais fournissait certaines disponibilités — de se constituer deux armées de réserve, la Xe et la Ire, celle-ci sous les ordres du général Fayolle. Tout cela étant déjà connu, il est inutile d'y revenir. Mais voici maintenant où commencent les véritables révélations.

Dès le soir du 16 avril, écrit M. Willie Williams, *les armées françaises cessèrent d'être sous l'autorité militaire, et passèrent sous un joug purement politique.*

Le matin de ce jour, étaient réunis dans le village de Savigny, au quartier général du général Micheler, plus d'une douzaine de membres du Sénat et de la Chambre des députés français[1], qui vinrent de Paris pour assister au spectacle de la bataille. La date de leur arrivée restera tragique dans l'Histoire. Je ne sais si Micheler leur permit de venir là, ou s'ils s'invitèrent eux-mêmes et insistèrent pour rester de leur propre autorité. Mais je sais qu'à la tombée de la nuit, par l'effet qu'ils voyaient pour la première fois de leur vie une bataille de sang et de feu, ils étaient tous fous de panique. Toute la journée, ils avaient frénétiquement

____

1. Ici, croyons-nous, le correspondant américain exagère. D'après nos renseignements particuliers, ce nombre était de huit, ce qui déjà semble excessif.

téléphoné au gouvernement de Paris que les armées françaises étaient massacrées, et demandaient que l'offensive en train fût arrêtée.

Celle-ci, en réalité, ne s'arrêta pas tout d'un coup. Mais, depuis lors, elle fut tellement entravée par les interventions politiques qu'elle ne put plus jamais reprendre sa marche. Pourtant, en dépit de l'ordre allemand de résister jusqu'à la mort sur la première ligne, les Français avaient pris au soir de la première journée cette ligne et celle qui la suivait.

Vainement, comme il a été dit plus haut, le gouvernement anglais faisait alors des représentations. « La bataille continuait, mais la vie s'en était retirée. » En effet, la confiance avait disparu et avec elle l'ardeur indispensable à la victoire. Du haut en bas de l'échelle, on sentait que l'affaire était condamnée à tourner court. Et cependant le 29 avril, « l'ordre du quartier général allemand était de préparer une retraite rapide sur la Meuse. Trois commandants d'armée étaient relevés de leur commandement et rappelés à Berlin. L'invasion allemande en France semblait sur sa fin ». Or c'était le moment même où un ordre téléphonique du ministre de la guerre interdisait l'attaque de Brimont ! Il lui était vraiment impossible de plus mal tomber.

Citons maintenant la conclusion de M. Willie Williams.

D'abord, il est établi qu'avant que cette offensive du 16 avril commençât, le ministre de la guerre invita presque tous les commandants de groupes d'armées à venir à Paris pour discuter et critiquer les plans d'attaque qui avaient été arrêtés par le haut commandement et adoptés par les gouvernements alliés.

Deuxièmement, le ministre de la guerre envoya à Nivelle le télégramme ordonnant l'arrêt de l'offensive, *après que Haig et l'Angleterre avaient été assurés qu'elle continuerait.*

Troisièmement (et ce point est tout aussi important que les deux autres au regard des conséquences ultérieures) le ministre de la guerre affirma en séance publique à la Chambre des députés, le 7 juillet, que « *dorénavant les armées françaises ne chercheraient que des objectifs limités* ». Il donnait à entendre que le nouveau commandant en chef n'avait pas d'ambitions napoléoniennes, et on l'accuse d'avoir ainsi avisé les Allemands publiquement et officiellement qu'à partir de ce jour elle n'avait à craindre de la France aucune action importante.

A part quelques affirmations peut-être trop absolues, telle par exemple celle qui porte sur l'ordre d'arrêt de l'offensive, lequel ne visait en réalité que l'attaque de Brimont[1], il n'y a rien en tout cela qui ne soit conforme à la vérité, et que ne viennent confirmer les documents que nous avons sous les yeux.

Conclusion. — Et ceci nous amène à dégager la morale d'une aussi pénible aventure. Cette morale, la voici : Il s'est trouvé, au commencement de l'année 1917, un général qui a cru, en appliquant à de vastes

---

1. Il est vrai qu'à ce moment, pour les raisons précédemment exposées, l'offensive se mourait.

espaces les méthodes offensives qui lui avaient si
complètement réussi à Verdun, frapper l'ennemi à
mort et chasser de France ses armées réduites à
l'impuissance. Il a élaboré un plan d'opérations
dont les bases étaient celles qu'avait adoptées son
prédécesseur, mais avec plus d'amplitude et la
combinaison, sur un front de 80 kilomètres,
d'une grande attaque centrale avec des attaques
convergentes partant du nord et du sud. Ce plan,
il l'a soumis aux gouvernements alliés qui l'ont
accepté. Il leur semblait si cohérent dans sa conception et si parfaitement réalisable, que les
Anglais n'ont pas hésité une minute à en prendre
leur part d'exécution et qu'eux, si légitimement
jaloux de leur autonomie militaire, ont consenti,
sur les instances de M. Briand, à obéir en tout et
pour tout au commandement français. Donc, point
d'objections ni d'opposition formelle, du moins dans
les cénacles où celles-ci auraient pu et dû se
produire, je veux dire dans les conseils de guerre
interalliés. Là, on passe outre, même après le
recul allemand, à certaines réserves dont l'expression ne blessait plus cependant les règles hiérar-
chiques et auxquelles c'eût été le moment de
faire droit si on les jugeait dirimantes. On les entend, mais on ne s'y arrête pas, et finalement,
onlaisse courir les ordres relatifs à la bataille, qui
est entamée dans les conditions et suivant les
modalités acceptées par tous.

Il semble donc qu'après cela l'affaire n'ait plus

qu'à se dérouler normalement, sauf à tenir compte des aléas que comporte la guerre. Cependant, à peine est-elle commencée, que déjà la foi s'étiole et la confiance s'émousse. Ce qui pouvait passer pour de la hardiesse — et celle-ci n'est jamais condamnable à la guerre — devient tout à coup un acte de folle audace et de coupable présomption. A l'instant même où, venant de déclencher un assaut qui met aux prises des forces formidables, il aurait besoin de toute sa sérénité d'esprit, le commandant en chef, sur les épaules de qui pèse une responsabilité effroyable et faite pour absorber toutes ses facultés, se sent enveloppé d'une atmosphère soupçonneuse etméfiante. Il se rend compte que sa façon de concevoir les choses est devenue tout à coup suspecte et que, soit à l'avant, soit à l'arrière, il est discuté, réfuté et presque déjà condamné ! Les objections dont j'ai parlé tout à l'heure ont jeté dans certains esprits l'inquiétude et le trouble. Une sorte d'hostilité latente se manifeste, qui paralyse les cervaux et les bras. Comment, dans ces conditions, mener une bataille décisive ? Comment corriger, par une intervention directe et lucide, les fautes de détail qui, presque toujours inévitables, proviennent, soit de l'insuffisance, connue trop tard, soit du manque de sang-froid qu'accusent certains chefs subordonnés ?

Pour que le commandement suprême s'exerce dans sa plénitude, il lui faut des coudées franches et l'assurance d'un appui moral absolu. Son autorité ne s'accommode ni des entraves, ni des lisières, et quand celles-ci deviennent trop étroites, elle n'est plus qu'un simple symbole, derrière lequel s'abritent l'anarchie et le désordre. Le vieux Montaigne, bien qu'il ne fût pas un militaire, l'a dit fort nettement : « Qui en débattra sans passion me confessera aisément, à mon avis, que le but et la visée non seulement d'un capitaine, mais de chaque soldat, doit regarder la victoire en gros, et que nulles occurrences particulières, quelque intérêt qu'il y ait, ne doivent divertir de ce point-là. » Or, comment « regarder la victoire en face », quand on entend dire partout autour de soi que c'est folie d'aller la chercher ?

Le maréchal French, commandant en chef de l'armée anglaise, eut un moment à souffrir, après la retraite de 1914, des mêmes défiances que le général Nivelle en 1917. Lord Kitchener, ministre de la guerre, vint en personne le trouver pour lui imposer certaines directives contraires à celles que, à tort ou à raison, il entendait donner à ses lieutenants. French repoussa formellement ces prétentions, et voici ce qu'il écrit à leur sujet.

Il est très difficile à d'autres qu'à des soldats de comprendre la portée et le sens d'incidents comme celui qui venait de passer. Si la confiance des troupes dans leur chef est ébranlée, si peu que ce soit, si son influence, son pouvoir, son autorité *sont affaiblis par un doute jeté sur son habileté professionnelle*, si discrète que soit l'expression de ce doute, l'effet réagit immédiatement sur l'armée tout entière. Cela est vrai surtout dans des moments comme celui-là, pour des troupes qui doivent donner tant et de si grandes preuves de leur courage, de leur endurance et, par-dessus tout, de *leur foi* en leurs chefs.

Et le maréchal ajoute un peu plus loin :

D'après les instructions reçues avant mon départ pour la France, j'avais pleins pouvoirs... Mais lorsque, au mépris des sérieuses représentations que je leur faisais de la véritable situation, le secrétaire d'État à la guerre lui-même, et le gouvernement avec lui, continuaient à me harceler, appuyés par l'autorité qu'ils possédaient, pour faire adopter leurs manières de voir, ma position était des plus difficiles.

Lord Kitchener ne vint à Paris que pour insister auprès de moi pour que j'arrêtasse la retraite, alors qu'aucun signe d'arrêt ne se manifestait sur la ligne des Alliés. *Il ne connaissait pas la condition des armées comme je la connaissais.* Il se trompait en affirmant que les renforts en hommes et en matériel m'étaient déjà arrivés.... On ne pouvait guère résister à une telle pression. J'y réussis cependant, par bonheur [1].

On voit, par cette citation, quel débat tragique se livre dans l'âme d'un général quand il est obligé de lutter à la fois contre les difficultés de la situation militaire et celles que lui suscite la défiance, avouée ou non, de son gouvernement. Tous n'arrivent pas à en triompher à leur avantage,

---

1. *Mémoires de guerre inédits* du maréchal French, publiés par *Excelsior*, numéro du 11 mai 1919.

comme Pélissier en Crimée, ou French sur la **Marne**. Mais ils y perdent presque tous un peu de leur assurance et de leur liberté d'esprit, au grand dommage des intérêts immenses dont ils ont la charge. Et qui sait si ce n'est pas, au moins pour une grande part, à ces circonstances déprimantes que l'offensive de 1917, sur l'Aisne, a dû son échec relatif ? Si elle n'a pas été tout à fait, comme on l'a dit un peu sommairement, arrêtée par ordre, tous les documents sont là pour témoigner que, trop insuffisamment encouragée d'abord, puis dédaignée comme une affaire condamnée d'avance, et enfin entravée par des interventions aussi insolites qu'irrégulières, elle a fini par mourir de sa belle mort.

Sa continuation aurait-elle amené le résultat désiré et chassé l'ennemi du territoire français ? C'est ce que personne ne peut dire avec certitude. Aussi bien, est-ce là pure affaire de polémique, dans laquelle nous refusons de nous engager. Mais ce qui n'est malheureusement pas douteux, c'est que sa clôture, et surtout les commentaires dont on l'a accompagnée, ont produit dans l'âme des soldats une profonde et longue dépression, immédiatement exploitée par la bande scélérate des défaitistes ; que les fautes commises — et il y en eut que nous n'avons point cachées, mais dont beaucoup trouvaient leur excuse dans les incertitudes du début — ont jeté la suspicion sur le commandement, dans le moment même où celui-ci avait le plus besoin d'un appui solide ; enfin que des paroles graves ont été prononcées à la tribune, dont l'ennemi a pu tirer certaines indications qu'il était pour le moins inutile de lui donner.

Il est entendu que la préparation locale n'a pas été partout ce qu'elle aurait dû être, et que l'état pitoyable dans lequel l'inclémence du temps avait mis les routes, a grandement entravé le réapprovisionnement. Ce sont là, assurément, des accidents regrettables, et dont certains mêmes engagent des responsabilités. Mais ils sont courants à la guerre, et il ne faut, pour les réparer, que de l'obstination et de la fermeté. Napoléon, après qu'une crue imprévue du Danube lui eût fait manquer l'affaire d'Essling, n'en fut pas moins, six semaines plus tard, vainqueur à Wagram. Il est vrai qu'il était le maître absolu et incontesté de ses desseins.

En réalité, l'avortement de la grande offensive de 1917 provient beaucoup moins de ses vices de conception et d'organisation, qui restent discutables, ou d'erreurs matérielles démontrées, que du fait qu'on a laissé s'engager une opération sans y croire. Dès lors qu'on la jugeait dangereuse, ou simplement aléatoire, mieux eût valu y couper court avant toute mise en train. Le gouvernement, qui avait la direction générale de la guerre, était, à Compiègne, en droit de l'interdire, ou de la proroger. Mais dès l'instant qu'il l'autorisait, la sagesse, la prudence et la règle lui commandaient de demeurer étranger à son exécution même, puis, et surtout, d'assainir au plus vite une atmosphère empoisonnée à dessein par les trembleurs, les agents de l'ennemi ou les fauteurs d'anarchie. Le pire défaut des conseils auliques, même déguisés, est de brouiller tellement les cartes qu'il devient finalement impossible à qui que ce soit de voir clair dans son propre jeu. Les rôles se confondent, les responsabilités s'enchevêtrent, et toujours l'impuissance est la résultante dernière de ce mélange incohérent.

TABLE DES MATIÈRES

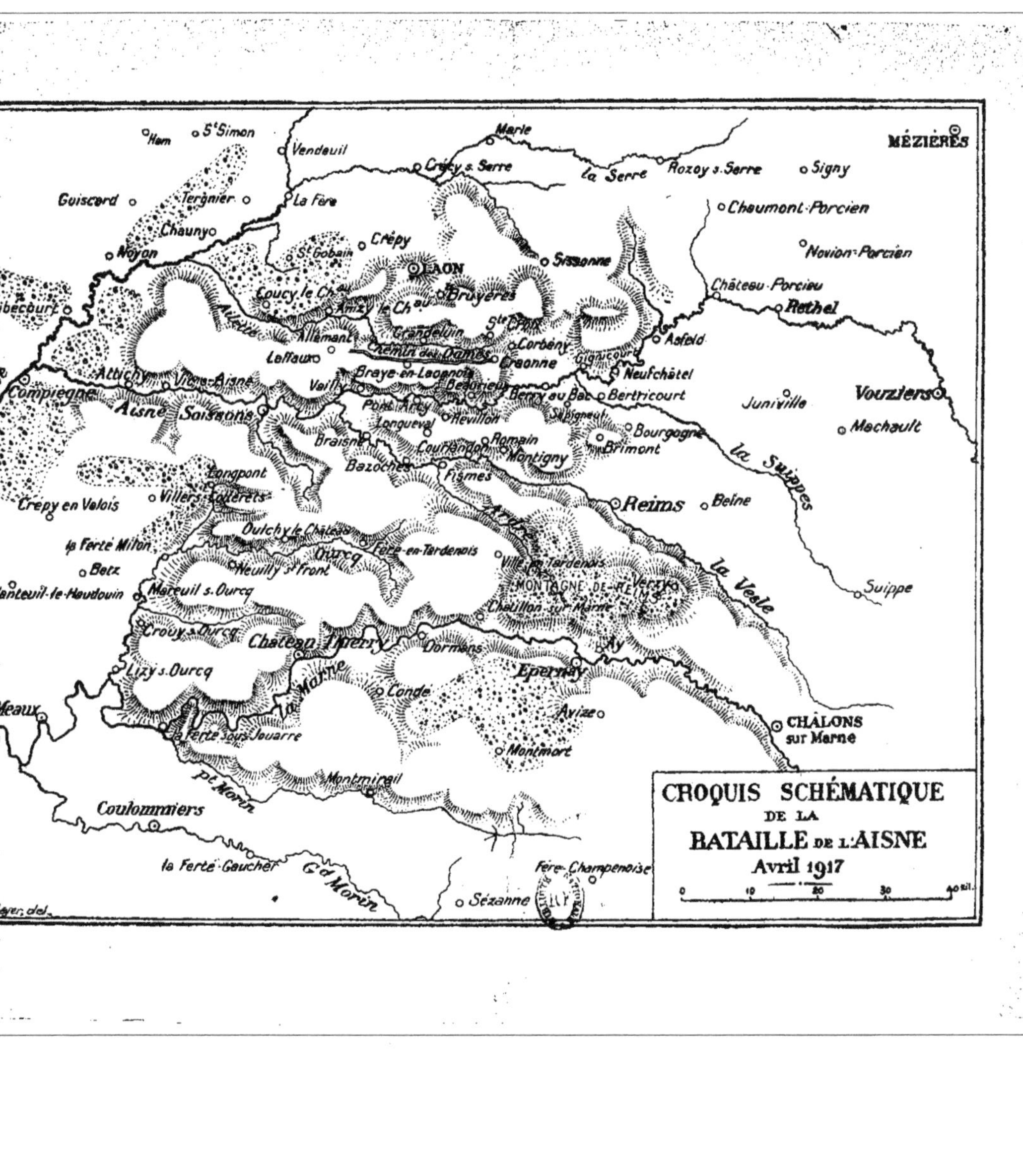

MÉZIÈRES
Ham
S! Simon
Vendeuil
Marle
la Serre
Rozoy s. Serre
Signy
Guiscard
Tergnier
La Fère
Crécy s. Serre
Chaumont-Porcien
Chaunyo
Crépy
Sissonne
Novion-Porcien
Noyon
S! Gobain
LAON
Château-Porcien
ibecourt
Coucy le Ch.
Bruyères
Rethel
Amzy le Ch.
S!e Croix
Asfeld
Allette
Grandelain
Corbeny
Vouziers
Allemant
Chemin des Dames
Gignicourt
Laffaux
Craonne
Neufchâtel
Machault
Attichy
Vieux-Aisne
Braye-en-Laonnois
Juniville
Compiègne
Aisne
Soissons
Vailly
Beaurieux
Berry au Bac
Bertricourt
la Suippe
Pont Arcy
Revillon
St Bigneul
Longueval
Bourgogne
Braisne
Romain
Brimont
Courlandon
Montigny
Longpont
Bazoches
Fismes
la Vesle
Crépy en Valois
Villers-Cotterets
l'Aisne
Reims
Beine
la Ferté Milon
Oulchy le Château
Fère-en-Tardenois
Ourcq
Ville-en-Tardenois
Verzy
Suippe
Betz
Neuilly s. front
MONTAGNE DE REIMS
anteuil-le-Haudouin
Mareuil s. Ourcq
Châtillon-sur-Marne
Crouy s. Ourcq
Château Thierry
Dormans
Ay
Lizy s. Ourcq
la Marne
Épernay
Meaux
Condé
Avize
CHÂLONS sur Marne
la Ferté sous Jouarre
Montmort
Montmirail
Pt Morin
Coulommiers
la Ferté-Gaucher
Gd Morin
Fère-Champenoise
Sézanne
CROQUIS SCHÉMATIQUE
DE LA
BATAILLE DE L'AISNE
Avril 1917
0   10   20   30   40 kil.